M000217017

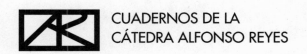

CUADERNOS DE LA
CÁTEDRA ALFONSO REYES

El nombre y la cosa

José Saramago

El nombre
y la cosa

Instituto Tecnológico
y de Estudios Superiores
de Monterrey

Instituto Tecnológico y de Estudios
Superiores de Monterrey
Fondo de Cultura Económica

Primera edición, 2006

Saramago, José
    El nombre y la cosa / José Saramago. — México : FCE,
ITESM, 2006
    88 p. ; 21 x 13 cm — (Colec. Cuadernos de la Cátedra
Alfonso Reyes)
    ISBN 968-16-8185-1

    1. Ensayo I. Ser. II. t.

LC PQ9281 .A66   Dewey 869 S727n

Distribución mundial en lengua española

Comentarios y sugerencias: editorial@fondodeculturaeconomica.com
www.fondodeculturaeconomica.com
Tel. (55) 5227 4672 Fax (55) 5227 4694

Empresa certificada ISO 9001:2000

Coordinación editorial: Dalia Valdez Garza

D.R. © 2006, Instituto Tecnológico y de Estudios Superiores
de Monterrey, Cátedra Alfonso Reyes
D. R. © 2006, José Saramago

D. R. © 2006, Fondo de Cultura Económica
Carretera Picacho-Ajusco, 227; 14200 México, D. F.

Se prohíbe la reproducción total o parcial de esta obra
—incluido el diseño tipográfico y de portada—,
sea cual fuere el medio, electrónico o mecánico,
sin el consentimiento por escrito del editor.

ISBN 968-16-8185-1

Impreso en México • *Printed in Mexico*

Sumario

Presentación

Tomás Granados Salinas

Supongo que obtener el premio Nobel puede describirse con un refrán mexicanísimo, pues es como "sacarse el tigre en la feria". Por intensa que haya sido la atención del mundo en un autor, luego de que la mirada de la academia sueca se posa sobre su elegido, sucede un fenómeno extremoso. Los lectores tenemos, de golpe, acceso a la vida y la obra del galardonado, ya que se reeditan sus obras, se le entrevista hasta el cansancio, se rememoran sus andanzas. Pero el escritor pierde la intimidad, el espacio vital que todos requerimos para ser personas y no superestrellas.

Adivino en José Saramago sentimientos encontrados, fruto de esta tensión. Imagino que padece el asedio de los periodistas, el fulgor de los *flashes*, el reclamo de que haga declaraciones polémicas y que resiste, como resistió Mogueime el cerco de Lisboa, aunque disfruta que numerosos lectores compartan con él la emoción que les despiertan, por ejemplo, la resuelta doctora Maria Sara o el amoroso Sietesoles, así como la posibilidad de usar todos estos micrófonos para conducir las cavilaciones de su público, lejos del oropel y la frivolidad, hacia las "no guerras" que son guerras, hacia la perenne marginación de los más por los menos. Así se reconstruye la "arcadia" añorada por Saramago, en la que los escritores, además de contemplar el espectáculo del mundo, contribuyen a transformarlo.

No falta quien se irrita al ver la preocupación de Saramago por los problemas sociales, o quien califica de oportunismo su adhesión a causas incómodas. Pero basta recordar la vida de este novelista y esporádico poeta, cronista de viajes, ensayista, y los temas que florecen en sus libros, para percatarse de que lo novedoso es el volumen con que se escuchan sus opiniones, y no el contenido de esas opiniones. Quizás haya más oídos que escuchan, pero la boca es la misma.

Me gustaría que olvidáramos por un momento el *glamour* que da el premio Nobel, pues más de uno parece creer que es más importante que la propia literatura, para revisar, aunque sea brevemente, la obra saramaguiana.

José Saramago es un autor de corta trayectoria literaria. De sus ocho décadas de vida, sólo poco más de dos han sido dedicadas enteramente a la escritura. Su obra, entonces, es breve, aunque la tentación de la relectura es fuerte, y su puesta en práctica asegura el descubrimiento, siempre, de nuevos filones.

Determinar una ruta para conocer los paisajes más luminosos del mundo narrativo de José Saramago es un ejercicio autoritario, cándidamente dictatorial, que quizá no responda a otro estímulo que al de ordenar para sí, para mí, los recuerdos de un viaje grato, extenuante a ratos, siempre vivificante. Salvo que se busque rastrear la maduración del escritor, conviene cortar el hilo cronológico y atar los cabos un poco al garete, permitiéndose dejar algún trozo fuera. Así, emplear *El año de la muerte de Ricardo Reis* como trampolín para arrojarse a la alberca resultará sin duda un acierto. Saramago no ha sido la excepción en el unánime reconocimiento del genio literario de Fernando Pessoa. Su amor por las palabras del enclenque poeta le ayudó a expropiar la identidad de Ricardo Reis, el fabricante de odas, y usarlo como cimiento de un homenaje a Pessoa, fantasma protagónico de la novela. En ella puede percibirse la lenta talla de los personajes a que es tan afecto Saramago. El doctor Reis desenvuelve su timidez con paciencia, descubre el amor a pesar suyo y contempla su nostalgia por su Lisboa, como si fuera el sentimiento de otra persona. En esa novela la historia juega un papel relevante, pero no tanto como para aceptar la simplista calificación de novela histórica, género, si es que existe, con el que se solía englobar la producción de Saramago. Ése podría ser el cariz de *Historia del cerco de Lisboa,* segunda escala de este periplo. Si bien lo más paladeable de ella sea la travesura de Raimundo Silva, el acucioso corrector de pruebas que un día se siente con la fuerza suficiente para cambiar el pasado de Portugal con una palabrita, un "no" que sólo ha de transformar su destino. Dos novelas ocurren frente a los ojos del lector, la que escribe Silva, luego de su osada intromisión, y la que Saramago teje con la certeza de que las palabras pueden ser tan filosas como las espadas de los guerreros medievales que brillan en el libro, y con un amorío dulce, adolescente, pese a la edad de los contendientes. En las dos obras visitadas hasta aquí, los rasgos históricos no pasan de ser escenario para una fantasía un poco delirante y respetuosa con la realidad, pues no la niega del todo, sino que la maquilla hasta volverla irreconocible.

Lo mismo puede decirse de *Memorial del convento,* crónica de la edificación de dos caminos para llegar al cielo. Por una parte, el convento de Mafra se erige párrafo a párrafo; por otra, una delicada máquina de volar es construida por esa trinidad terrestre conformada por Baltasar Mateus, mejor conocido como Sietesoles, su amada Blimunda, cuyos ojos son bisturíes que examinan el interior de las personas, y Bartolomeu Lourenço, sacerdote aeronáutico: historia, amor, épica, son de nuevo medulares en esta obra, a la que debe agregarse el barroquismo, esa fina viscosidad de la que Saramago ha ido deshaciéndose poco a poco, sin renegar nunca de la imagen cuya metáfora es abundante, la construcción gramatical enrevesada, el caudal de vocablos.

Pero es momento de llegar a la obra más debatida de Saramago, la que encolerizó a tirios y troyanos, la que se originó en una lectura apresurada de los titulares en un puesto de periódicos. *El evangelio según Jesucristo* es mucho más que una reconstrucción novelada de la vida del profeta. Es un ácido selectivo que corroe todo lo eclesiástico y fortalece el lado humano de las cosas, incluso el de dios y el diablo.

Con *La balsa de piedra* se cierra el periodo más logrado hasta ahora de la creación saramaguiana. El lector tendrá acceso a la bitácora de dos navegaciones, la que realiza la península ibérica, luego de separarse del continente, y la de un puñado de hombres y mujeres que a raíz de esa independencia geográfica, ven llegado el momento de emancipar su vida. Pero es injustamente severo no detenerse en *Alzado del suelo, Manual de pintura y caligrafía, Casi un objeto, Ensayo sobre la ceguera* y *Todos los nombres*. Sin embargo estoy seguro de que en los textos descritos es donde late lo más saramaguiano de Saramago. Estas dos últimas novelas forman parte de un ciclo nuevo, que aún no asciende a las alturas donde el autor lusitano gusta de hacer acrobacias, porque parece apuntar todavía más arriba. Si fuera posible, tal vez le hicieran ganar, otra vez, el Nobel de Literatura.

Hay algo paradójico en la presencia de Saramago en una universidad. La saramagia, ese poder de transformar a quien lee lo escrito por Saramago, ha permitido que un hombre que no asistió a las aulas universitarias vea en ella su casa natural, su madriguera, el sitio donde se puede dialogar y discutir.

Prólogo

Roberto Domínguez *

En la literatura y en el pensamiento contemporáneo, José Saramago es el nombre de un talismán que abre diálogos con la tradición y con el presente. La Cátedra Alfonso Reyes del Tecnológico de Monterrey se honra en presentar la conferencia que dictó durante su visita a nuestra institución. En estas páginas, el Premio Nobel de Literatura 1998 nos formula inquietantes y oportunas preguntas. Vemos aquí una de sus más notables cualidades: establecer conversaciones al mismo tiempo que construye una propuesta original. Una vez más, en la fuerza de sus palabras se transcribe la vigencia de un pensamiento polémico vertido en una oferta de sentidos.

Como en otros de sus textos, en esta conferencia el lector de Saramago se enfrentará con un concierto de ideas que no siempre se armonizan en el tono con el que se habla de las cosas, sino que lo propuesto aquí adquiere su sonoridad justamente en la disonancia con lo ya antes oído, pues se propone un nuevo contratema, el desencanto, como si se tratase de una frase musical: el mundo presente no es el más bello ni el más armónico

* Roberto Domínguez Cáceres es profesor de tiempo completo y coordinador de publicaciones de la División de Administración y Ciencias Sociales del Campus Estado de México del Tecnológico de Monterrey.

ni el papel de un escritor es la evasión de la realidad por medio de sus invenciones, sino más bien su papel es ayudarnos a enfrentar el mundo en toda su complejidad, siempre que sus propuestas intelectuales sean honestas y meditadas.

"El nombre y la cosa", título de la conferencia magistral dictada desde el Campus Morelia del Instituto en febrero de 2004, no es solamente una discusión y una reflexión sobre la democracia, sino también una puesta en común con las interrogantes del autor, escritor de ideas y pensador de alternativas luminosas, desde las que nos apremia a participar.

Si quien lee estas páginas desea encontrarse en medio de un debate productivo de ideas, ha llegado al lugar idóneo para discutir con el autor de novelas como *Ensayo sobre la ceguera* o *Ensayo sobre la lucidez*, quien aquí aborda tópicos afines a su narrativa, tales como la idea de la democracia o la forma de la sociedad y el Estado; temas que traslucen un entendimiento más amplio y plural de la experiencia humana.

"El nombre y la cosa" es un itinerario hacia la discusión sobre la democracia en su estado actual. Pero antes de discutir este concepto, lo hace evidente por medio de un mecanismo de extrañamiento. Como en otras de sus obras, en la conferencia llega a su asunto por medio de la *eliminación* del elemento harto conocido, aquel que damos por sentado —como el sentido de la vista o la sujeción de una península a un continente o el votar por obligación o la presencia de la muerte— para reimaginarlo.

En la sección llamada "Coloquio", José Saramago abunda sobre ideas principales para cualquier estudiante que desee conocer más acerca de la literatura como *oficio de pensar*. Allí se conversa sobre qué es la novela, qué significa escribir, qué es leer y qué tan válido es que un autor piense o no en su lector, así como sobre la necesidad que hay en todos los seres humanos de repensar la realidad desde una ficción.

Por ello, al leer esta conferencia, el lector descubrirá la apremiante oferta que nos hace Saramago: pensar la democracia para descubrir una caricatura que se antoja cruel, a veces alejada de la realidad, y que sostenida en acciones y supuestos se ha ido convirtiendo en un adjetivo más que en una sustancia. Del complejo panorama que aborda, llega a la definición implacable del acto de votar como una momentánea posesión de un derecho que se deja ir en el instante de sufragar.

Los lectores más jóvenes encontrarán en estas páginas la voz directa de un autor que define su postura frente al hecho de escribir. Podrán aprender aquí sobre uno de los novelistas más influyentes de la literatura universal contemporánea, quien con gran sencillez puede localizar su labor en el concierto de las interpretaciones sobre el mundo, su ficción y su realidad.

El lector experimentado que ha seguido la abundante creación de obras creadas por artes de *saramagia*, término con el que definió Tomás Granados en su espléndido seminario la novelística de nuestro catedrático, podrá estudiar y analizar la opinión del autor acerca de su ideario, de sus constantes preocupaciones; sin olvidar nunca que la ironía y el humor en Saramago son figuras de pensamiento, el lector encontrará que sus declaraciones son propuestas para entender el mundo y comprendernos mejor en él.

José Saramago es un lector de gran conciencia y facultad para descubrir lo velado en lo obvio, que parte de una premisa *simple*: el lenguaje que representa las cosas a veces las oculta con el uso en su aparente cercanía. El lenguaje nos mal acostumbra a usar las cosas por sus nombres y nos aleja de la necesaria discusión en ellos. Por tanto, desde el título de la conferencia magistral, nos remonta al origen de este pensamiento. Aristóteles dijo: "Toda enseñanza y todo aprendizaje inteligente proceden de un saber previo", por eso el aprendizaje que propone Saramago nos pide ligar una cosa con el nombre, un nombre con la realidad, para así atar los cabos que nos hacen parte de esta intrincada red de *textos* en la que vivimos.

Es justamente en la facultad para convocar la tradición y proponernos su relectura donde encontramos otra de las aportaciones de esta conferencia. Desde una sencillez permitida por su vasto conocimiento del lenguaje, el discurso de Saramago es ameno, directo y preciso. Es una conversación con el pensamiento en la que un autor nos *dice algo del mundo* con una contundencia que nos interpela, que nos invita a contestar con acciones concretas, inmediatas y posibles. Sean éstas votar, meditar el voto, discutir el término democracia o leer la realidad política en que vivimos con todas nuestras facultades.

Su discurso, como descubrirá el lector más adelante, parte de nociones fundamentales para llevarnos de la mano —¿o de la idea?— hacia un encuentro esclarecedor pero no tranquilizante: el cambio, la revolución, la idea de que un orden se puede mover hacia cualquier otro derrotero, inicia con una *introspección*. Por eso, una clave de lectura de este texto será, suponemos, la conciencia de nuestra alteridad, de nuestra responsabilidad con los hechos consignados en la historia de los imperios pasados y presentes, de nuestra relativa y siempre mejorable participación ciudadana, de nuestra conciencia como miembros de una sociedad civil.

Saramago describe para dibujar un panorama complicado, define para discutir el pensamiento contemporáneo en sus formas más difundidas: el prejuicio o la comodidad de pensar en opuestos absolutos. De esta manera, nos propone que sepamos que cuando vivimos, estamos viviendo *en una realidad que puede cambiar*, pero que no hay redención posible del presente sin pasar por el análisis pocas veces cómodo de *uno mismo*. Incluso hasta el enfrentamiento, hasta el cuestionamiento flagrante de los propios prejuicios, de los sentidos comunes y de las convenciones intelectuales, la propuesta de este autor nos obliga a responderle o a rechazarlo pero nunca a asentir resignadamente frente a lo que nos está diciendo.

A veces empleando recursos afines con los espléndidos narradores de sus novelas, pero siempre agudo y retador, el lenguaje del conferenciante va anotando simultáneamente apuntes en dos cuadernos. En uno podríamos asentar una descripción precisa de lo que está pasando, y en otro, con la tinta irónica y del humor, podemos registrar un texto que va llenando la página de tentadoras notas que se antoja cotejar en una poslectura.

Sin embargo, Saramago no es un escritor de notas al pie de la página, sino de encabezados. Lo que propone lo dice por todo lo alto de la página usando la sonoridad de la lengua como un altavoz para que sus ideas sean parte de una discusión futura, con la que se apuesta a trascender.

A diferencia de la convención ortodoxa de *delimitar* el tema para centrarlo, Saramago lo desentraña de una realidad que lo ha ocultado a fuerza de usarlo y de manirlo con complicidades obtusas, para recrearlo. ¿Cómo hablar de democracia y ser original, esclarecedor? En ello consiste justamente el genio de su prosa.

Lo que propone Saramago, más que afirmaciones,

son diálogos desde la página escrita con la memoria del escucha, de su lector. A lo largo de su conferencia encontraremos referencias a su obra, desde *Memorial del Convento* o *La balsa de piedra*, y a su ideario. El texto es un ensayo, en el sentido artístico del término, pues hay una creación que pide que el lector participe; según nuestro catedrático es necesario cuestionar, remover o sacudir las convenciones para crear alternativas originales y reimaginadas. Así podremos ver que las ideas son creaciones humanas perfectibles, por ello Saramago nos propone el empleo de la imaginación como un ejercicio de la libertad.

Dueño de un estilo no escaso de ironía, el de Saramago es un discurso que nos demanda la acción concreta de pensar en qué hemos hecho de nuestra responsabilidad civil, y otros asuntos que dibuja luego de poner en el centro de la discusión el significado del mercado, la génesis del poder económico y sus implicaciones políticas; esta conferencia nos invita a leerlos juntos, para tomar una postura, para darles una perspectiva más amplia y poderlos repensar.

Así, estos temas —ya asentados como un común denominador de *asuntos indiscutibles* del pensamiento contemporáneo— son redescubiertos por el autor. Aborda la realidad, la caricatura de la democracia, la ceguera, la costumbre de dominar al otro, la imposibilidad de la reconciliación con una historia de conquistas sangrientas erigiendo monumentos a la memoria del dominado, entre otros; hasta llegar a definir incluso que nuestra insoslayable condición de seres humanos es crear pero también es destruir.

Para Saramago, votar "es un acto de renuncia al ejercicio de esa misma voluntad implícitamente manifestado en la delegación operada por el votante", con la que el escritor se sitúa en un peldaño desde el que, si se quiere, será posible descubrir más el entramado de relaciones que ello implica. Tras denunciar un vacío estructural, interroga "la pertinencia y la propiedad efectiva de los distintos procesos políticos de delegación, representación y autoridad democrática".

Así, esta lectura es indispensable aun cuando hayamos pasado o estemos por pasar por un decisivo periodo electoral, pues la reflexión implícita es que somos responsables, cuanto y más de lo que decidimos con nuestro voto, de aquello a lo que hemos renunciado al ejercerlo.

Para muchos lectores, el pesimismo es un rasgo de la escritura de este autor, sin embargo creemos que este pensamiento es más venturoso, pues no se deja llevar por las apariencias de conciliación que ofrece un mundo cada vez más proclive al consumo y desecho de ideas pequeñas y, a la vez, menos dado a provocar una reflexión sobre los temas trascendentes.

No hay entusiasmo fácil si lo que acompaña la capacidad de ver el mundo es una experiencia, en la realidad y en la ficción, como la de Saramago. Sí hay en cambio una certeza de que la capacidad de creación humana nos lleva a reinventar la realidad. Esa experiencia puede renovarse siempre que en el empeño por saber más del otro, no dejemos de ver que nuestra época sigue siendo una época de descubrimientos, que la frontera más compleja de cruzar es la del otro.

Recientemente, el autor ha insistido en una distinción que consideramos fundamental: la auténtica ecuación no es la de saber datos de cultura general, sino la educación del respeto por otro. Más allá de la tolerancia, hallar la conciencia de nuestro lugar en la sociedad: a qué tenemos derecho y cuáles son nuestras obligaciones. Para

José Saramago, la verdadera educación no la logra la escuela sola, sino el conjunto humano de experiencias que, desde la familia o el grupo, nos va haciendo seres humanos que podrán seguir nombrando las cosas, para poder vivir con ellas.

I
El nombre y la cosa

Si yo digo el nombre y la cosa, tengo que explicar que aquello que está allí tiene el nombre de botella y es algo que supuestamente cumple la función de la botella. En este caso, y lo digo ya para que empecemos a entendernos, la cosa no va muy bien con el nombre y el nombre no está muy de acuerdo con la cosa, por eso la conferencia se llama "El nombre y la cosa".

Arranco con dos citas de Aristóteles, ambas extraídas de *Política*. La primera cita sintética nos dice que "en democracia los pobres son soberanos, porque son el mayor número y porque la voluntad de la mayoría es ley". Transparente, nada más claro: en democracia, los pobres son soberanos porque son más y porque la voluntad de la mayoría es ley. La segunda cita que comienza anunciando una restricción al alcance de la primera, al final resulta esclarecedora y completa, de tal forma que ella misma se eleva hasta la altura de un axioma. Eso es lo que dice esa cita: "La igualdad pide que los pobres no tengan más poder que los ricos, que no sean ellos los únicos soberanos, sino que lo sean todos en la proporción misma de su número", "no encontrándose", sigue diciendo Aristóteles, "otro medio más eficaz de garantizar al Estado la igualdad y la libertad". Si no yerro demasiado en la interpretación de este pasaje, lo que Aristóteles nos está diciendo aquí de los ricos es que aunque participen con toda la legitimidad democrática en el gobierno de la polis, siempre estarían en minoría por la fuerza de una imperativa e incontestable proporcionalidad. En algo Aristóteles acertó. Que se sepa —a lo largo de toda la historia— jamás los ricos han sido más que los pobres. Pero el aserto del filósofo de Estagira, pura obviedad aritmética, se hace añicos al chocar contra la dura muralla de los hechos: los ricos siempre han sido quienes han gobernado el mundo o quienes siempre han tenido quien por ellos lo gobiernen, y hoy más que nunca. No me resisto a recordarles, sufriendo con mi propia ironía, que para los discípulos de Platón el Estado era la forma superior de moralidad. Curioso.

Si me permiten repasaría un poco resumiendo lo que acabo de decir. Aristóteles empieza por decir que en democracia los pobres son sus grandes porque son en el mayor número y porque la voluntad de la mayoría es ley. Pero luego añade que los ricos tienen que estar en el gobierno de la polis para que no se diga que aquí hay una exclusión. Tienen que estar, pero en la proporción del número, por lo tanto tendríamos un gobierno de coalición, pobres-ricos, en que los pobres serían más porque son más; los ricos que estarían ahí se encargarían quizá de los transportes o del medio ambiente, mejor que no tocaran la Hacienda. Pero finalmente hay algo inquietante y a la vez estimulante, esta idea de que para Aristóteles el Estado era la forma superior de moralidad. Parece que estamos viviendo en el mundo al revés, en que precisamente el Estado, yo diría, casi es la forma inferior de la moralidad que queda.

Cualquier manual elemental de derecho político nos informará que la democracia es "una organización interna del Estado en la que el pueblo gobernado gobierna a

través de sus representantes"; "quedando así asegura-
das", añadirá dicho manual, "la intercomunicación y la
simbiosis entre gobernantes y gobernados en el marco
de un estado de derecho". En mi modesta opinión,
aceptar críticamente definiciones como ésta, sin duda de
una pertinencia y de un rigor formal que casi tocan la
frontera de las ciencias exactas, correspondería, si nos
transportásemos al cuadro personal de nuestra cotidia-
neidad biológica, a no prestar atención a la graduación
infinita de estados mórbidos, patológicos o degenerati-
vos de diversa gravedad que es posible en cada momento
percibir en nuestro propio cuerpo. Se presenta de otra
manera. El hecho de que la democracia pueda ser defi-
nida de acuerdo con las fórmulas antes dictadas u otras
equivalentes no significa que tengamos que considerarla
en todos los casos y circunstancias como una real y efectiva democracia, sólo porque todavía sea posible identificar en el conjunto de sus órganos institucionales y de
sus estructuras administrativas algún o algunos de los
elementos que en las señaladas definiciones se explicitan
o están implícitas.

Una primera breve incursión por la historia de las
ideas políticas me va a servir para sacar a colación dos
observaciones que siendo del conocimiento de todo el
mundo son también, con el habitual argumento de que
los tiempos han cambiado, dejadas de lado siempre que se
presenta la ocasión de reflexionar no ya sobre meras
definiciones de democracia, sino sobre su concreta sustancia. La primera observación recordará que la democracia apareció en la Grecia clásica, más exactamente en
Atenas hacia el siglo V a.C., que esa democracia presu-
ponía la participación de todos los hombres libres en el
gobierno de la ciudad, que se basaba en la forma directa,
siendo efectivos todos los cargos o atribuidos según un

sistema mixto de sorteo y elección, que los ciudadanos tenían derecho a votar y a presentar propuestas en las asambleas populares. Esto en la Grecia antigua.

Sin embargo, y ésta es mi segunda observación, en Roma heredera y continuadora de las innovaciones civilizadoras de los griegos, el sistema democrático, a pesar de las pruebas dadas en el país de origen, no consiguió establecerse. Conocemos las razones. Amén otros factores coadyuvantes, aunque de menor importancia social y política, el principal y definitivo obstáculo a la implantación de la democracia en Roma provino del enorme poder económico de una aristocracia latifundista que veía en el sistema democrático, muy justificadamente, un enemigo directo de sus intereses. Teniendo por supuesto presente el riesgo de generalizaciones abusivas a las que las extrapolaciones de tiempo y de lugar siempre nos pueden conducir, es irresistible que me interrogue yo, a mí mismo, y a la vez los interrogo a ustedes, si los imperios económicos y financieros de nuestros días no serán también fieles a la lógica exclusiva e impecable de los intereses, trabajando fría y deliberadamente para la eliminación progresiva de una posibilidad democrática que, cada vez más apartada de sus indecisas presiones de origen, va camino de una rápida inflexión. Aunque por ahora aún siga mantenida en sus formas exteriores, está profundamente desvirtuada en su esencia.

Me pregunto hasta qué punto podrán darnos garantías de una acción realmente democrática las diversas instancias del poder político, cuando aprovechándose de la legitimidad institucional que les otorgamos con la elección popular, intentan por todos los medios desviar nuestra atención de la evidencia palmaria de que en el mismísimo proceso de la votación ya se encuentran presentes y en conflicto, por un lado, las presiones de una acción política representada materialmente por el voto, y por otro lado, la demostración involuntaria de una abdicación cívica, en la mayor parte de los casos, sin conciencia de sí misma. Es decir, dicho con otras palabras, ¿no es verdad que en el exacto instante en que el voto es introducido en la urna, el elector transfiere a otras manos, sin más contrapartidas que las promesas que le habían sido hechas durante la campaña electoral, la parcela de poder político que hasta ese momento le había pertenecido a él, ciudadano, como miembro de una comunidad?; es decir, ¿no es cierto que desde el momento en que el voto es introducido en la urna, la voluntad política que se ha expresado ahí ya no pertenece al elector, y que el político, diputado o el partido político tienen ese voto y lo usarán según intereses, que en muchísimos casos no serán los de la persona que introdujo el voto en la urna? Ésta es una evidencia de todos los días, y lo sabemos todos.

Les parecerá tal vez imprudente el papel de "abogado del diablo" que aquí supuestamente asumo, comenzando por denunciar el vacío instrumental con el que nuestros sistemas democráticos separan a quienes eligieron de quienes fueron elegidos. Pero luego, a continuación, y sin recurrir a la argucia retórica de una transición preparatoria, paso a interrogar sobre la pertinencia y la propiedad efectivas de los distintos procesos políticos de delegación, representación y autoridad democrática. Una razón más para que nos detengamos un instante a ponderar lo que nuestra democracia es y para qué sirve, antes de que pretendamos que se convierta en obligatoria y universal.

Porque esta caricatura de la democracia que como misioneros de una nueva religión, ya sea por la persuasión, ya sea por la fuerza, andamos queriendo difundir e instalar en el resto del mundo, no es la democracia de los sabios ingenuos y griegos, sino la otra que los pragmáticos romanos habrían implantado en sus tierras si en ello hubieran encontrado alguna utilidad, como está sucediendo a nuestro alrededor, en este comienzo de milenio. Ahora que tenemos a la democracia disminuida y rebajada por unir condicionantes de toda índole —económicos, financieros, tecnológicos—, que no les quede ninguna duda, habrían conducido a los latifundistas del Lacio a cambiar rápidamente de ideas convirtiéndose en los más activos y entusiastas "demócratas".

A esta altura del discurso es probable que en el espíritu de muchos de los que hasta ahora me vienen escuchando con benevolencia, empiece a despuntar la incógnita de si el orador tiene algo de demócrata, lo que como sabrán los mejor informados, pertenecería al ámbito de las verdades obvias, siendo tan conocidas generalmente mis inclinaciones ideológicas, que no es éste el lugar ni el momento de justificar ni defender; es sólo mi objetivo traer aquí algo de lo que voy pensando sobre la idea, la suposición, la convicción o la esperanza de que estamos caminando todos juntos hacia un mundo realmente democratizado, en cuyo caso estaría finalmente convirtiéndose en realidad, dos milenios y medio después de Sócrates, Platón y Aristóteles, la quimera griega de una sociedad armoniosa, ahora ya sin ninguna diferencia entre señores y esclavos.

Las democracias a las que de modo reductor hemos llamado "occidentales" no son racistas, puesto que el voto del ciudadano más rico o de piel más clara cuenta tanto en las urnas como el del ciudadano más pobre o de piel más oscura. Considerando por tanto las apariencias en el lugar de las realidades, habríamos alcanzado el alto grado de una democracia de tenor resueltamente igualitario a la que sólo faltaría una más amplia cobertura geográfica para convertirse en el sucedáneo político de la panacea universal.

Ahora bien, si se me permite echar algo de agua fría en estos superficiales hervores, diré que las realidades brutales del mundo en que vivimos hacen irrisorio el cuadro idílico que acabo de describir y que siempre, de una manera o de otra, acabaremos encontrando, por fin ya sin sorpresas, un cuerpo autoritario particular bajo los ropajes democráticos generales. Intentaré explicar mejor: al afirmar que al acto de votar, siendo expresión de una voluntad política determinada, es también simultáneamente un acto de renuncia al ejercicio de esa misma voluntad implícitamente manifestado en la delegación operada por el votante, al afirmarlo, repito, me coloco simplemente en el primer peldaño de la cuestión sin tener en cuenta otras prolongaciones y otras consecuencias del acto electoral, ya sea desde el punto de vista institucional, ya sea desde el punto de vista de los diversos estratos políticos y sociales en que discurre la vida de una comunidad de ciudadanos.

Observando ahora las cosas más de cerca, creo que puedo concluir que siendo el acto de votar, objetivamente, por lo menos en una parte de la población, una forma de renuncia temporal a una acción política propia y permanente, postergada y puesta en sordina hasta en las elecciones siguientes, momento en que los mecanismos de delegación volverán al principio para acabar de la misma manera, esa renuncia podrá ser, no menos objetivamente, para la minoría elegida, el primer paso de un proceso que aun estando democráticamente justificado por los votos, nada tiene de democrático, e incluso podrá llegar a ofender frontalmente la ley. Todos sabemos que esto pasa todos los días.

En principio, a ninguna comunidad mentalmente sana le pasaría por la cabeza la idea de elegir a individuos corruptos y corruptores como sus representantes en los parlamentos o en los gobiernos; aunque la amarga experiencia de todos los días nos enseña que el ejercicio de amplias áreas de poder, tanto en ámbitos nacionales como internacionales, se encuentra en manos de esos y de otros criminales o de sus mandatarios directos o indirectos. Ningún escrutinio, ningún examen microscópico de los votos anónimos depositados en una urna, sería capaz de hacer visibles, por ejemplo, las señales delatoras de las relaciones de concubinato entre los estados y los grupos económicos internacionales cuyas acciones delictivas, incluyendo las bélicas, están conduciendo hacia la catástrofe del planeta en que vivimos.

Aprendemos de los libros, y las lecciones de la vida lo confirman, que por más equilibradas que se presenten las estructuras institucionales y su correspondiente funcionamiento, de poco nos servirá una democracia política que no haya sido constituida como raíz de una efectiva y concreta democracia económica, y de una no menos concreta y efectiva democracia cultural. Decirlo en los días que corren ha de parecer, más que una banalidad, un exhausto lugar común heredado de ciertas inquietudes ideológicas del pasado, pero sería lo mismo que cerrar los ojos a la realidad no reconocer que aquella trinidad democrática —política, económica, cultural— cada una complementaria de las otras, representó en el tiempo de su prosperidad con proyecto de futuro, una de las más congregadoras banderas cívicas que alguna vez en la historia reciente fue capaz de conmover corazones, estremecer conciencias y movilizar voluntades.

Hoy, despreciada y arrojada al basurero como un zapato viejo, se cansó y se deformó. La idea de una democracia económica, por muy relativizada que tuviera que ser, ha dado lugar a un mercado obscenamente triunfante, y la idea de una democracia cultural ha sido sustituida por una no menos obscena masificación industrial de las culturas; es un *false*, un *melting-pot*, con el que se pretende enmascarar el predominio absoluto de una de ellas.

Creemos haber avanzado, pero de hecho, retrocedemos, y cada vez se hará más absurdo hablar de democracia si persistimos en el equívoco de identificarla con sus presiones cuantitativas en esas canicas llamadas partidos, parlamentos y gobiernos, sin proceder antes a un examen concluyente del modo en que éstos utilizan el voto que los colocó en el lugar que ocupan. Una democracia que no se autoobserva, que no se autoexamina, que no se autocritica, estará fatalmente condenada a anquilosarse.

No se concluye de lo que acabo de decir que estoy en contra de la existencia de partidos, soy militante de uno; no se piense que aborrezco los parlamentos, los querría, eso sí, más laboriosos y menos habladores; y tampoco se imaginen que soy el inventor de una receta mágica que permitirá a los pueblos salir adelante, vivir felices, sin tener que soportar gobiernos; simplemente me niego a admitir que sólo es posible gobernar y desear ser gobernado de acuerdo con los modelos democráticos en uso, a mi entender, incompletos e incoherentes, y esos modelos que en una especie de asustada fuga hacia adelante pretendemos erigir en universales, como si en el fondo sólo quisieran vivir de nuestros propios fantasmas en vez de reconocerlos como lo que son y trabajar para vencerlos.

Llamé incompletos e incoherentes a los modelos democráticos en uso porque realmente no veo la manera de designarlos de otra forma. Una democracia bien entendida, entera, redonda y radiante como el Sol que por igual a todos ilumina, debería, en nombre de la pura lógica, comenzar por lo que tenemos más a mano, es decir, el país donde nacemos, la sociedad en que la vivimos, la calle donde moramos. Si esta condición no es observada, y la experiencia de cada día nos dice que no lo es, todas las decisiones y prácticas anteriores, es decir, el fundamento teórico y el funcionamiento experimental del sistema estarán desde el principio viciados y corrompidos. De nada servirá limpiar las aguas del río a su paso por la ciudad si el foco contaminador está en el centro.

Ya hemos visto cómo se ha vuelto obsoleto, pasado de moda y hasta incluso ridículo, invocar los objetivos humanistas de una democracia económica y de una democracia cultural, sin los cuales, lo que llamamos democracia política ha quedado reducido a la fragilidad de una cáscara, quizás brillante y coloreada por banderas, carteles y consignas, pero vacía de contenido cívicamente nutritivo.

¿Qué harán, sin embargo, las circunstancias de la vida actual, con esa delgada y quebradiza cáscara de las apariencias democráticas, preservadas por el impenitente conservadurismo del espíritu humano al que suelen bastar las formas exteriores, los símbolos y los rituales, para seguir creyendo en la existencia de una materialidad ya carente de cohesión, o de una trascendencia que ha dejado perdidos por el camino el sentido y el nombre? ¿Qué harán las circunstancias de la vida actual ahora que los colores que hasta hoy habían adornado ante nuestros mal resignados ojos las desgastadas formas de la democracia política, se estén tornando rápidamente opacos, sombríos, inquietantes, cuando no despiadadamente grotescos como la caricatura de una decadencia que va arrastrando, entre mofas, desprecio, y un último aplauso irónico de interesada conveniencia?

Como siempre ha sucedido desde que el mundo es mundo y seguirá sucediendo hasta el día en que la especie humana se extinga, la cuestión central en cualquier tipo de organización social, humana —y sobre la que todas las demás discurren—, es la cuestión del poder. Y el principal problema teórico práctico al que nos enfrentamos está en identificar quién lo detenta, averiguar cómo llegó hasta él, verificar el uso que de él hace, los medios de los que se sirve y los fines a los que apunta. Si la democracia fuese de hecho lo que con auténtica o simulada ingenuidad seguimos diciendo que es, "el gobierno del pueblo, por el pueblo y para el pueblo", cualquier debate sobre la cuestión del poder dejaría de tener sentido, puesto que residiendo el poder en el pueblo, sería al pueblo a quien competería su administración, y siendo el pueblo quien administraría el poder, está claro que sólo lo podría hacer para su propio bien y para su propia felicidad, pues a eso lo estaría obligando aquello que llamo, sin ningún rigor conceptual, la ley de la conservación de la vida.

Ahora bien, sólo un espíritu perverso, *panglosiano* hasta el cinismo, tendrá la osadía de afirmar que el mundo en que vivimos es satisfactoriamente feliz. Al contrario, nadie debería pretender que lo aceptáramos tal como es sólo por el hecho de ser, repitiendo un lugar común, el mejor de todos los mundos posibles. También insistentemente se afirma que la democracia es el sistema político menos malo de todos los que hasta hoy han sido inventados; y no se repara en que tal vez esta aceptación resignada de una cosa que se contenta con ser la menos mala, sea lo que nos anda frenando el paso que nos conduciría a algo mejor.

Por su propia naturaleza, el poder democrático será siempre provisional, dependerá de la estabilidad del voto, de la fluctuación de las ideologías y de los intereses de otras clases. Hasta podrá ser visto como una especie de barómetro que va registrando las variaciones de la voluntad política de la sociedad. Pero ayer como hoy, y hoy con una amplitud cada vez mayor, abundan los casos de cambios políticos aparentemente radicales que tuvieron como efecto radicales alteraciones de gobierno, pero que no estuvieron acompañados de las alteraciones sociales, económicas y culturales necesarias que los resultados del sufragio parecían haber producido. Efectivamente, decir hoy gobierno socialista o socialdemócrata o conservador o liberal, y llamarlo poder, no es más que una operación de cosmética barata, es pretender nombrar algo que simplemente no se encuentra donde se nos quiere hacer creer. En otro inalcanzable lugar está el poder, el poder real, el poder económico, ese cuyos contornos podemos percibir en filigrana tras las tramas y las redes institucionales, pero que invariablemente se nos escapa cuando intentamos acercarnos, y que invariablemente contraatacará si alguna vez tuviéramos la capacidad de reducir o disciplinar su dominio subordinándolo a las pautas reguladoras del interés general.

Con otras y más claras palabras, afirmo que los pueblos no eligieron a sus gobiernos para que los llevasen al mercado, ¿y quién es el mercado?, ¿quién condiciona por todos los medios a los gobiernos para que lleven a los pueblos a éste? Y si hablo de mercado es porque es, en los tiempos modernos, el instrumento de influencia del único poder realmente digno de su nombre, el poder económico y financiero, transnacional y pluricontinental, que no es democrático porque no lo eligió el pueblo, que no es democrático porque no está regido por el pueblo, que finalmente no es democrático porque no contempla la felicidad del pueblo. No faltarán sensibilidades delicadas que consideren escandaloso y gratuitamente provocador lo que acabo de decir. No tengo más remedio que reconocer que no se trata de nada más que de enunciar algunas verdades transparentes y elementales, datos corrientes, la experiencia, simples observaciones del sentir común. No obstante, sobre esos y otros momentos clave, han impuesto un prudente silencio a las estrategias políticas de todos los rostros y colores, a fin de que nadie ose insinuar que conociendo la verdad, andamos cultivando la mentira o aceptamos ser sus cómplices.

Enfrentémonos por tanto a los hechos. El sistema de organización social que hasta aquí hemos designado como democrático se ha convertido una vez más en una plutocracia, gobierno de los ricos, y es cada vez menos una democracia, gobierno del pueblo. Es innegable que la masa oceánica de los pobres de este mundo, siendo generalmente llamada a elegir, nunca es llamada a gobernar. Los pobres nunca votarían por un partido de pobres, porque un partido de pobres no tendría nada que prometerles. Es imposible negar que en la más problemática hipótesis de que los pobres formasen gobierno y gobernasen políticamente en mayoría, como a Aristóteles no le repugnó admitir en su *Política*, aún así no dispondrían de los medios para modificar la organización del universo plutocrático que los cubre, vigila y tantas veces ahoga.

Es imposible que no nos demos cuenta de que la llamada democracia occidental ha entrado en un proceso de transformación retrógrada que es totalmente incapaz de parar e invertir, y cuyo resultado, todo hace prever que es su propia negación. No es necesario que alguien asuma la tremenda responsabilidad de liquidar la democracia. Ella ya se va suicidando todos los días. Queremos entonces, reformarla. Demasiado bien sabemos que reformar algo, como escribió el autor de *El Gatopardo*, no es más que cambiar lo suficiente para que todo se mantenga igual. Regenerarla. ¿A qué visión suficientemente democrática del pasado valdría la pena regresar para, a partir de ahí, reconstruir con nuevos materiales lo que hoy está en vías de perderse?, ¿a la de la Grecia antigua, a la de la ciudad de repúblicas mercantiles de la Edad Media, a la del liberalismo inglés del siglo XVII, a la del enciclopedismo francés del siglo XVIII? Las respuestas serían sin duda tan fútiles como lo han sido las preguntas.

¿Qué hacer entonces? Dejemos de considerar la democracia como un dato adquirido, intocable, definido de una vez y para siempre. En un mundo que se ha habituado a discutir sobre todo, sólo una cosa no se discute, precisamente la democracia. Tan monacal como era Antonio Salazar, el dictador que gobernó mi país durante más de 40 años, pontificaba: "no discutimos a Dios, no discutimos la patria, no discutimos la familia: decide". Hoy discutimos a Dios, discutimos la patria, y si no discutimos la familia es porque ella se está discutiendo a sí misma. Pero no discutimos la democracia, eso no. Pues yo digo, discutámosla, señoras y señores, discutámosla a todas horas, discutámosla en todos los foros, porque si no lo hacemos a tiempo, si no descubrimos la manera de reinventarla —sí, de reinventarla—, no será sólo la democracia lo que se pierda, también se perderá la esperanza de ver un día dignamente respetados los derechos humanos en este infeliz planeta. Y ése sería el gran fracaso de nuestra época, la señal de traición que marcaría por siempre jamás el rostro de la humanidad que ahora somos. No tengamos ilusiones. Sin democracia no habrá derechos humanos, pero sin derechos humanos tampoco habrá democracia.

II
El despertar de las democracias ciegas

Intentaré desarrollar unas cuantas ideas que no son de un político, porque yo no soy político; que no son de un filósofo, porque no soy un filósofo; tampoco soy un politólogo, que ahora está de moda. Sencillamente, no soy más que un escritor que escribe historias, que ha escrito poemas, que ha escrito y sigue escribiendo obras de teatro. No soy propiamente un ensayista, porque para eso se necesita una dimensión reflexiva que, aunque yo la tenga en cierta medida, no la tengo en la cantidad o en la dimensión suficientes. Pero de todos modos creo que en mis novelas —de ellas hablaremos aquí—, se puede reconocer a una persona reflexionando.

Esto de reflexionar parece algo que nos es inherente por el hecho mismo de que somos seres no solamente racionales, sino también sensibles. Tenemos y mantenemos una relación con lo que está fuera de nosotros, y lo que está fuera no es únicamente la naturaleza, sino que es, sobre todo, el otro, el ser humano, ése a quien llamamos nuestro semejante. La palabra *semejante* aparentemente dice mucho pero al final no está diciendo nada, porque a ese otro en muchísimos casos lo consideramos un enemigo. Aunque tenga, al igual que nosotros, una cabeza, un tronco, dos brazos y dos piernas, eso no representa mucho, porque el color de la piel puede ser otro, la cultura puede ser otra, la mentalidad puede ser distinta de la nuestra y, por lo tanto, lo máximo a lo que podemos llegar es a eso tan loado que llamamos *tolerancia*.

La tolerancia no es tan buena como se cree, porque no implica más que decir "yo te tolero a ti según mis propias condiciones, no las tuyas, por lo tanto acepta mi tolerancia pero no te pases, porque yo no estoy dispuesto a darte más que eso". En el fondo, si habláramos sinceramente, estaríamos diciendo eso, o por lo menos, tendríamos la conciencia, a la hora de decir *tolerancia,* de que no estamos diciendo nada o casi nada.

El *Ensayo sobre la lucidez* es una novela mía que podemos considerar política. Novelas políticas no hay muchas. En principio yo creo que toda creación tiene una comunión política, sea arbitraria, sea artística, con obras que se enfrentan directamente al hecho político, y se pueden citar dos novelas famosas: una de ellas es de George Orwell, *1984*, frontal y radicalmente política, y otra, de Aldous Huxley, que también lo es pero sin la misma fuerza, *Brave New World*. Aparentemente, un escritor que cuenta historias tiene mucho que narrar sin necesidad de caer en esa tentación de decir: "pues ahora hablaré de política". Puede contar historias de amor, de encuentros y desencuentros, y ésa es materia más que suficiente para que un novelista ocupe toda su vida contando una misma historia que en el fondo es más o menos ésta: Antonio conoció a María, se casaron, y no se sabe si fueron felices.

Aquí no sólo se presenta un señor portugués, autor de libros, Premio Nobel de Literatura. Se presenta él, pero también se presenta el ciudadano portugués, que ya estaba preocupado como ciudadano antes de que le dieran el Premio Nobel. Se presentan dos que viven en la misma persona: el autor y el ciudadano.

Si se tratara de otra novela, como por ejemplo la anterior, *El hombre duplicado,* que cuenta la historia de un hombre que tiene un doble total, absoluto, constante, en cada circunstancia, eso daría lugar a consideraciones sobre la identidad, sobre el *otro.* Si se tratara de *La caverna,* pues se haría, por ejemplo, una reflexión, no diría exactamente sobre la globalización, pero sí sobre esa fatalidad económica que hace que llegue un momento en que ya no somos necesarios. En tiempos de la Revolución industrial en Inglaterra, cuando se inventó el taladro mecánico, muchísimos taladradores manuales no tuvieron otra salida en su vida que salir de ella suicidándose. Eso ocurre en *La caverna,* donde hay un alfarero, a quien la sociedad está diciendo: "lo que tú haces ya no interesa, por lo tanto, ni puedo ni quiero darte trabajo".

El *Ensayo sobre la lucidez* trata de una ciudad desconocida en la que un 83 por ciento de los ciudadanos, por motivos inicialmente desconocidos, vota en blanco. Una manifestación tan masiva que no se puede decir que sea de descontento, yo diría que es como si los ciudadanos, con ese voto blanco, estuvieran diciendo más o menos esto: "hemos venido aquí a votar años y años, siempre con la idea de que una opción política e ideológica manifestada en un papel mediante una pequeña cruz en un cuadrado, decidiría algo sobre el país al que pertenecemos, del que somos ciudadanos. Pero nos damos cuenta de que el tiempo pasa, las generaciones se suceden y nada cambia. Y como nada cambia venimos aquí a decir que: o ustedes, quienes tienen el poder, se deciden a hacer algo, o votamos en blanco".

Cuando la novela se presentó en Portugal estaba en la mesa, entre otras personas, el ex presidente de la República Portuguesa, Mario Soares. En medio de un debate muy vivo, él me miró un poco descontento y me dijo: "¡pero hombre! ¿Usted no entiende que 15 por ciento de votos en blanco serían el descalabro de la democracia?" Y yo contesté: "¿y 40 o 50 por ciento de abstenciones no son el descalabro de la democracia?" Él no contestó, se quedó un poco indeciso, pero la conclusión a la que todos nosotros tenemos la obligación de llegar —y no porque yo lo diga, sino porque, sencillamente, la evidencia es la evidencia— es que entre la abstención y el voto en blanco, los políticos prefieren la abstención. Prefieren que la gente no salga de su casa, o salga de su casa para ir al campo, a la montaña o a la playa. Y eso ya entró en las costumbres: hay personas a quienes no les interesa la política y sobre todo que no están por decir que no. No quieren molestarse. Pero hay otros —y en el caso de la novela son el 83 por ciento de la población— que sí se toman la molestia de salir de casa, aunque llueva o truene, y decir qué es lo que no quieren. Hay tantos motivos para decir lo que se quiere como para decir lo que no se quiere. Y lo que no se quiere, hay que saber en primer lugar por qué no se quiere, tenerlo claro y luego debatirlo. Cuando Mario Soares me dijo lo que ya he citado, me pregunté entonces, y a él se lo pregunté más tarde, "¿de qué democracia estamos hablando?" ¿De qué democracia hablaba Mario Soares?, con quien, por otro lado, tengo una excelente relación, incluso de amistad —las diferencias políticas e ideológicas no tienen nada que ver con eso—.

No hace muchos años vivimos, o la sociedad vivió, en la idea de que el empleo, además de ser un derecho para todo el mundo, debía ser organizado. La economía debía estar organizada en lo que llamábamos entonces, incluso ahora, *el pleno empleo,* lo que significa empleo para todo el mundo para toda la vida. Era un mundo ideal, una utopía a la que no se llegaría nunca, pero por lo menos en todos los programas de los partidos que se proponían gobernar siempre aparecía la referencia a la necesidad de garantía del empleo. Hoy vivimos en una situación de empleo precario, creo que todos sabemos lo que significa eso. Hay unos cuantos eufemismos que sirven para disfrazar la realidad, y en este caso, al empleo precario se le llama también *flexibilidad laboral*.

En una situación como ésta, nueva situación, podemos preguntarnos cómo ocurrió el paso del pleno empleo al empleo precario —en España, con mucha más concreción lo llaman "contratos basura"—. ¿Cómo se pasó de uno a otro? ¿A algún gobierno se le ocurrió esa idea de decir: "como ahora estamos cansados del pleno empleo, vamos a pasar al empleo precario?" No, ningún gobierno sería tan absurdo de decirlo. Quien ha provocado el cambio, quien lo ha infligido ha sido sencillamente el poder económico. "Necesitamos tener las manos libres y no queremos aguantar eso de quedarnos atados a unos cuantos hombres y mujeres, que ahora mismo pueden estar con su capacidad productiva intacta porque tienen treinta o cuarenta años, pero que mañana van a tener cincuenta o sesenta. No queremos aguantar la carga de tener que dar trabajo y alimentar a personas que han perdido su capacidad productiva. Queremos tener las manos libres, horarios de trabajo que no nos aten a demasiadas obligaciones y sueldos bajos, y si ustedes no están contentos, la fábrica que está aquí la pasaremos para Filipinas, para Nepal o para donde sea."

Las cosas son así, pero lo peor no es que sean así, sino que parece que no hay solución, en el sentido de que, dado que el Estado no puede ser patrón, porque además casi siempre es un mal patrón, alguien tiene que producir. Entonces hay que crear condiciones para que las empresas produzcan, ganen dinero y creen puestos de trabajo. Éste es el lado agradable de la cuestión, pero ¿qué hay del otro? ¿Qué hay del hecho de que, de repente, nada tenga importancia más allá del lucro?

Hablábamos de elecciones y de democracia, esa democracia que no llega nunca a ser sustancial también por otros motivos, como por ejemplo el no cumplimiento de los *derechos humanos*. Una vez que el poder económico tiene las manos libres, y las tiene, la democracia no tiene ningún medio para controlar los abusos del poder económico. No tiene ningún instrumento, y si tenemos en cuenta que en muchísimos casos los gobiernos se han convertido en agentes del poder económico, podemos establecer tres planos de poder: el económico, que está arriba, el político representado por los gobiernos, por los parlamentos, que está en medio, y por debajo, el de los ciudadanos.

En el funcionamiento normal de una organización democrática se supondría que los gobiernos están ahí para hacer llegar al nivel superior las necesidades, las conveniencias y los derechos de los ciudadanos que, casualmente, son la mayoría. Es decir que la masa de ciudadanos esperaría, si fuera consciente de ello, que los gobiernos estuvieran donde están para hacerlos llegar a arriba, donde se produce la riqueza. Pero sólo en rarísimas circunstancias los gobiernos actúan en ese sentido. La rotación debería hacerse en sentido ascendente, pero se hace en sentido descendente. Y hay que pensar que la masa de la que hablamos ya no es una masa de esclavos, es una masa de ciudadanos libres y con derechos, que por lo tanto deben ser respetados.

Podrían preguntarse qué es lo que quiero entonces, ¿desprivatizar la economía mundial?, ¿que los Estados asuman la responsabilidad de producir, distribuir, inventar, crear? No se trata de eso, se trata simplemente de reconocer, en primer lugar, que la dimensión política del ciudadano no es suficiente, sobre todo cuando por dimensión política del ciudadano entendemos el hecho de poder votar cada cuatro años.

La pregunta siguiente sería ésta: "¿pero entonces usted cree que los organismos socioeconómicos, internacionales, económicos y financieros deberían ser controlados por el poder político, o mejor dicho, por la ciudadanía?" Y yo le diría que sí, y que podría dar como ejemplo el Fondo Monetario Internacional, el famoso FMI que, como sabemos, decide sobre nuestras vidas y no es un organismo democrático. Es un duro representante de cinco potencias con algunos asesores más, y son ellos quienes hacen las cuentas y deciden: "tú sí, tú no, tú quizá". ¿Y la Organización Mundial de Comercio es democrática? Tampoco lo es. Y ya no quiero ni pensar en proponer aquí algo como sería la democratización del Banco Mundial.

Entonces se preguntarán a dónde quiero llegar. Lo único a lo que quiero llegar es sencillamente esto: por favor, no nos engañen. Quizá esto no tenga remedio, quizá la manera en que está constituida la economía mundial ahora mismo no permita ninguna otra salida; no estoy seguro de eso, y además no soy, como dije al principio, ni político, ni politólogo, ni filósofo, ni economista. Pero lo que yo pediría es que no nos engañen y que no salgan en las pantallas de la televisión o los *meetings* hablando interminablemente de democracia como si ésta fuera auténtica y estuviera ahí, cuando sabemos, o al menos es mi opinión, que la democracia no es más que una fachada y no sabemos lo que hay detrás. Hay muy pocas cosas que sean real y efectivamente democráticas.

Una sociedad humana se considera política y se define ideológicamente según diversas tendencias que van de aquí a allá, de la mano izquierda a la derecha, o de la derecha a la izquierda —hay una cosa un poco difusa que yo no sé muy bien lo que es, pero que todo el mundo quiere ser: se llama centro. En situaciones como ésta, a la izquierda siempre se le olvida que cuando se acerca al centro, se está acercando a la derecha—. En la vida política de un país, de una sociedad, todo se determina ideológicamente según lo que llamamos partidos, y esos partidos van de aquí a allá, y el ciudadano elector tiene que elegir entre lo que está aquí y lo que está allá. Y que no se nos pase por la cabeza decir: "pero mire usted, es que a mí no me gusta nada de lo que usted tiene para proponerme, a mí me gustaría algo que estuviera más acá, o que estuviera más allá". En la sociedad liberal eso no se puede decir. Los partidos legalmente inscritos de acuerdo con las leyes del país son los que están y hay que elegir entre ellos. Es como si me pusieran aquí carne de vaca, carne de cerdo, carne de ternera y carne de cordero, y yo dijera: "pero yo no quiero eso, yo quiero pescado", y me contestaran: "no, pescado no hay, usted tiene que elegir entre esto". "Pero yo no, a mí no me gusta la carne", contestaría yo. "Pues tampoco le va a gustar el pescado, porque no se lo vamos a dar."

Las cosas son lo que son y no vale la pena llorar. Si hiciéramos un esfuerzo para convencer a los políticos de que mejor que la democracia, sólo la democracia. Ojalá la gente, la ciudadanía en general, se diera cuenta de que ésta no es la única cosa que tenemos, que seguramente hay algo más, y que cuando a veces se dice: "la democracia es lo menos malo que hay" es un truco que nos impide ir a buscar algo mejor. Mejor que la democracia sólo una democracia auténtica.

Hay casos, como el del señor Berlusconi en Italia, que tiene el 90 por ciento de los medios de comunicación italianos, es un hombre riquísimo y fue a la vez el primer ministro. Hace tiempo, en Portugal, en un encuentro con el famoso juez de las manos limpias, Antonio di Pietro, discutíamos sobre si había o no corrupción política en Italia. Él decía que no, y yo le preguntaba: "¿pero cómo no va a haber corrupción política si Italia es conocida por eso?" Y él decía: "no, eso era antes, cuando el poder económico necesitaba corromper a los políticos que estaban al poder, entonces sí había, existía una corrupción, pero el poder económico ya no tiene ninguna necesidad de corromper a nadie, porque el poder es a la vez económico y político".

La democracia funciona por un proceso de delegación y de representación. Yo, ciudadano, tengo un poder político que me pertenece, pero no soy un político ni quiero hacer carrera política, por lo tanto tengo que delegar en otra persona ese poder que me pertenece. Eso se hace, como sabemos, por listas de partidos. Salvo excepciones, solemos saber quiénes son las personas, pero en realidad no sabemos si valen y si realmente sirven para el puesto. Entonces interviene en el sistema democrático una perversión que tiene que ver con la publicidad y que no tiene nada que ver con la realidad de la propuesta electoral o de gobierno que, con más o menos seriedad, el partido representa, sino que tiene que ver sencillamente con la manipulación de las conciencias.

Se dice que los medios están ahí para informar. Sabemos que también están para desinformar. Hay medios de izquierda y medios de derecha; entonces tenemos que plantearnos: "¿y la verdad dónde está?" La verdad no está en ninguna parte. Qué mejor ejemplo, en estos tiempos que corren, que lo que pasó con su vecino del Norte y la guerra de Irak, y con otras guerras. Un sistema de mentiras deliberadas, estudiadas, pensadas, organizadas, que ponía a su servicio medios de comunicación en todo el mundo, comprando periodistas para que dijeran lo que a Estados Unidos más le convenía. Y no es el señor Bush quien me preocupa, el que me preocupa es el pueblo norteamericano que lo ha puesto en el lugar donde está.

Naturalmente, se puede decir que el sistema más propicio al cumplimiento de los derechos humanos es la democracia. No es nada difícil aceptar esto. La democracia es un sistema político más capaz o más propicio que los otros al cumplimiento de los derechos humanos. Pero cuando se habla de derechos humanos, normalmente se habla de derechos políticos y se olvida todo lo demás. Son treinta, están consignados en la Declaración Universal de los Derechos del Hombre firmada en diez de diciembre de 1948 en las Naciones Unidas.

No creo que sea mala idea decir descaradamente que no hay mejor sistema para el cumplimiento de los derechos humanos que la democracia, pero que sin derechos humanos tampoco hay democracia. Es decir, la democracia no puede ir por la vida diciendo: "¡soy muy buena, yo soy estupenda! Es cierto que no cumplo los derechos humanos, pero no tengo la culpa, las fuerzas económicas, los poderes fácticos me lo impiden". Porque podemos decirle: "¿pero usted no se da cuenta de que no puede llevar ese nombre de *democracia* si no cumple los derechos humanos?"

Nadie en el mundo discute la democracia. La democracia está ahí, como una especie de virgen en el altar que no se puede tocar, y parece que la gente no quiere darse cuenta de que la virgen está llena de carcoma y que es eso tan fétido lo que llamamos democracia. Hace no mucho tiempo, al poder económico, por lo menos en ciertos países con ambiciones más o menos imperialistas, le pareció que podía sacar algún provecho de apoyar dictaduras, sobre todo aquí, en el continente americano.

Ahora, en cambio, parece que hay una tendencia a que todo sea democrático, a tal punto que, como nos sobra democracia para el consumo interno, tenemos también para exportarla, auque sea por la fuerza. Es el caso de Irak, que supuestamente se pretende democratizar, cuando todos sabemos que el problema no está en democratizar a Irak, porque entonces habría también que democratizar a Arabia Saudí, y Estados Unidos no está nada interesado en democratizar Arabia Saudí —tampoco está interesado en democratizar a Afganistán, que tiene ahí un gobierno literalmente fantoche—, lo que interesa a Estados Unidos es controlar Oriente Medio y Oriente Próximo, y para eso le sirve la apariencia democrática de las instituciones.

Creo que deberíamos hacer todos una pausa en nuestras vidas para decir, "¿qué es esto?" No conozco a ningún político que la haya hecho. Me gustaría que un político tuviera la valentía de decir: "la democracia no puede ser esto que yo estoy haciendo". Los ciudadanos están cada vez menos interesados en la política y en participar, aplastados por todos los problemas del mundo, por su propia posibilidad de supervivencia. ¿Cómo se le puede pedir a una persona, a los sesenta millones de pobres de México, que piensen en política? No piensan en política, escuchan lo que les dicen en la televisión o en la radio y luego, con el caciquismo y el clientelismo, van a votar. Esto se repite y se repite monótonamente, y ahí está lo que estamos llamando *democracia*. Permitimos que engañen a los demás porque nos engañan a nosotros. El proceso es un engaño continuo, cómodo, como la serpiente que se muerde la cola.

A quienes piensan que aparte de esto no hay nada

más, me permito decirles que están equivocados, que podemos seguir tal y como estamos, que no pasará nada, que seguiremos naciendo, viviendo y muriendo. Pero si alguna vez hay una posibilidad de hacer del mundo, empezando por nuestro país, por nuestra ciudad, por nuestra calle, un lugar donde efectivamente el sentido de la responsabilidad personal y colectiva sea una especie de pan nuestro de cada día, entonces hay que replantearlo todo con valentía, con la valentía que tampoco los gobiernos usan, que consistiría en salir en la televisión, que es el medio más amplio, y decir: "queridos conciudadanos, lo sentimos mucho, pero en el fondo, nosotros no mandamos nada, sino que hay alguien más arriba que está mandando con nosotros". El señor Bush no sería presidente de los Estados Unidos si la industria armamentística, farmacéutica y petrolera no quisieran que él estuviera ahí. Pero, al igual que no esperamos que los santos hagan un milagro, no deberíamos mirar a la democracia como si fuera a hacer milagros.

Al nacer, nos encontramos con una cultura, un idioma, unas costumbres, formas de ser, de comunicar, todo eso. Ése es el pacto y no tenemos ninguna posibilidad de decir: "no, este pacto no me gusta, esta vida no me gusta, quiero otra". Entramos en ella, nos integramos y vivimos toda la vida, sin más, algo que no hemos elegido, que ya existía y que nosotros no tenemos más remedio que encajar. Pero puede llegar el día en que digamos: "pero ¿quién ha firmado esto en mi nombre? ¿Quién ha firmado eso por mí?" Ahí necesariamente habrá una revolución, una pequeña, una pequeñísima revolución dentro de la persona que se plantea que la sociedad, el mundo, la vida puedan cambiar. Yo no sé la respuesta, pero sí hay algo que creo saber: que no cambiaremos el mundo si no cambiamos nosotros mismos. La única forma de cambiar el mundo es que nosotros seamos conscientes de que la vida va en una dirección equivocada. Pensemos, por ejemplo, en el caso de México, con sesenta millones de pobres en un país que tiene cien millones de habitantes. A veces digo: "La pornografía no es obscena, lo obsceno es que se pueda morir de hambre". No deberíamos permitirnos que alguien en este planeta se muera de hambre, y eso ocurre en el mundo cada cuatro segundos.

Si aceptamos que el mundo no tiene remedio, mejor que se acabe todo de una vez. Que el Sol se apague y por lo tanto la vida en la Tierra también, que instantáneamente desaparezca. No se pierde nada con eso, el Universo no se dará cuenta. Pero ya que estamos aquí, si pudiéramos hacer de esto algo mejor.

No hago más que encontrarme con personas que tienen la paciencia de escucharme. Pueden estar de acuerdo o no estarlo, el mundo está hecho así, de acuerdos y desacuerdos, y no pasa nada.

III
Descubrámonos los unos a los otros

En este tiempo en que vivimos, de librerías repletas de libros capaces de enseñar todas las técnicas y tecnologías, todos los sistemas y métodos, todos los trucos y artificios —*El arte de ser mujer y no morir en el intento,* quizá un día "El arte de ser humano y no matar por costumbre"—, no faltarán seguramente los manuales de cómo impartir una conferencia, ordenados en secciones, capítulos y subcapítulos, de acuerdo con los procesos mentales lógicos más adecuados al conferenciante, y a los conocimientos y expectativas de los asistentes. Teniendo en cuenta, además, que según las lecciones que nos vienen del gran vecino del Norte, toda la información y análisis expresados en una conferencia deberán ir acompañados de un ingrediente considerado indispensable a la buena digestión y asimilación de las ideas ofrecidas. Ese ingrediente mayor es el *humor.* Temo, sin embargo, en el caso de esta charla, que tanto la información como el análisis no resulten suficientemente satisfactorios, y en lo que respecta al *humor,* pienso, al contrario de lo que se cree generalmente, que es algo demasiado serio para tomárselo en broma.

Con esto quiero decir que no deben esperar novedades y alardes del simple escritor de novelas que soy, y que, aunque no me sean del todo ajenas las virtudes de la ironía y del humor, no me parece que el tema que aquí les traigo se preste a exhibiciones de esa naturaleza, a no ser aquella otra modalidad del humor y de la ironía, de todas sin duda la más saludable, que consiste en ser uno, al mismo tiempo, el agente y el objeto de ella.

En esos manuales del perfecto conferenciante, de cuya real existencia no estoy enteramente seguro, aunque ciertamente no habrán escapado a la imaginación de los autores y a la perspicacia de los editores (unos y otros empeñados en hacernos la vida más fácil), sin duda se hablará de los dos modos principales de abordar un asunto: el primer modo es el del sopetón, que casi no da tiempo a que los asistentes se acomoden en sus sillas, aturdidos inmediatamente por la vehemencia de la alocución, por la profundidad de los conceptos o por aquello que algunos llaman actualmente comunicación agresiva; en cuanto al segundo modo, ése no tiene prisa, procede dando pequeños pasos, avanza por mínimas aproximaciones. Es el estilo de aquellos que, sabiendo que la especie humana está destinada a hablar hasta el fin del mundo, desean que su propia voz no se ausente demasiado pronto del concierto general, y por eso van simulando que no hay por qué tener prisas. Sabiendo cómo en mis libros me inclino preferentemente por una escritura narrativa de tipo lento y minucioso, no se extrañarán si, llegada la hora de hablar, decido comenzar por describir el bosque, antes de examinar una por una, hasta donde alcance mi conocimiento, las especies vegetales.

Por eso me pareció muy apropiado citar aquí cierto libro mío que, por tratar de navegaciones, es verdad que insólitas, y de rumbos, es verdad que imprecisos, espero que acabe por ayudarme a llevar más o menos a puerto de salvación la *nao* de esta conversación. Me refiero, como algunos de los presentes habrán adivinado ya, a esa novela titulada *La balsa de piedra* que, si no llegó a darle la vuelta al mundo, logró perturbar algunas cabezas europeas excesivamente susceptibles que pretendieron ver en ella, más allá de la ficción que es, un acto de protesta y de rechazo contra la Europa comunitaria. Confieso que alguna perturbación, de otra naturaleza, comenzó por tocar al propio autor del libro, que de tanto enredarse en las corrientes de la marítima historia que iba narrando, llegó al extremo de imaginarse marinero de la fantástica embarcación de piedra en que había transformado la Península Ibérica, fluctuando impávida sobre las aguas del Atlántico, rumbo al sur y a las nuevas utopías.

La alegoría era de las más transparentes. Aunque aprovechando y desarrollando ficcionalmente algunas semejanzas con las conocidas razones de los emigrantes que viajan a tierras extrañas para buscarse la vida, había en este caso una diferencia sustancial y definitiva, por así decirlo: la de que viajara conmigo en la inaudita migración, para que no quedase amputada la Península, además de mi país, la propia España, separada ella, irónicamente, de Gibraltar, y dejando agarradas al fondo del mar, bien firmes, las Islas Baleares y las Islas Canarias. Esas mismas Islas Canarias donde no imaginaba yo que las circunstancias de la vida me llevarían un día a vivir.

La *balsa de piedra* es, toda ella, desde la primera hasta la última página, la consecuencia literaria de un resentimiento histórico. Colocados por las casualidades de la geografía en el extremo occidental del continente europeo, los portugueses, a pesar de haber llevado el nombre y el espíritu de Europa (tanto para bien como para mal), junto con España, a otras partes del mundo, quedarán después, en cierto modo, al margen de la historia subsecuente. Tenemos (me refiero ahora, evidentemente, a Portugal) una parte de responsabilidad en esa especie de exilio dentro de lo que en nuestros días se dio en llamar la "casa común europea". En todo caso, el gusto por la autoflagelación que nos es muy característico, no debe hacer olvidar el desdén y la arrogancia de que nos dieron abundantes muestras las potencias europeas a lo largo de cuatro siglos, comenzando por el más antiguo aliado de Portugal, Gran Bretaña, para quien, hasta tiempos bien recientes, cualquier intento de acercamiento y conciliación de los intereses de los dos Estados peninsulares siempre fue visto como una potencial amenaza a sus propios e imperiales intereses.

Al decir que hemos llevado el espíritu de Europa a desconocidas regiones del mundo, no es mi intención entonar los acostumbrados "aleluyas", el canto habitual de alabanzas a las culturas y a la civilización europea. No los voy a cansar repitiendo el extensísimo catálogo de sus maravillas, desde los griegos y los latinos, hasta los tiempos de hoy. De sobra sabemos que Europa es madre ubérrima de culturas, faro inapagable de civilización, lugar donde vendría a instituirse el modelo humano que más próximo está, del prototipo que Dios tendría en mente cuando colocó en el paraíso al más antiguo ejemplar de nuestra especie. Por lo menos es así, de esta manera idealizada, como los europeos se contemplan a sí mismos, por lo menos es ésta la respuesta que a sí mismos se vienen dando invariablemente: "yo soy lo más bello, más inteligente, más perfecto, más culto y civilizado que la Tierra ha producido hasta ahora".

Ante las convictas certezas con que los europeos suelen embalar sus ilusiones, y como contrapartida de ellas, sería ahora el momento de describir la no menos extensa relación de desastres y horrores de Europa, que, probablemente, acabarían por llevarnos a la deprimente conclusión de que la famosa batalla celeste aquella, entre los ángeles sublevados y los ángeles obedientes, fue ganada por Lucifer, y que el único habitante del paraíso, finalmente, habría sido la serpiente, encarnación tangible del mal, y su gráfica representación. Serpiente que no precisó de macho o de hembra, si macho era, para proliferar en número y en cualidad. Sin embargo, no haremos esa relación, como no hicimos antes aquel catálogo. Cubriremos piadosamente el espejo de las verdades acusadoras para que él no tenga que pronunciar, siquiera, la primera palabra de la respuesta terrible que ya estaremos adivinando en nuestro corazón.

Claro que, desde un punto de vista abstracto, Europa no tiene más culpas en la notaría de la historia que cualquier otro lugar del mundo donde, ayer y ahora mismo, por todos los medios, se hayan disputado o se estén disputando poder y hegemonía. Pero la ética, ejerciéndose como lo dice el sentido común, sobre lo concreto social, deberá ser la menos abstracta de todas las cosas y, aunque variable según el tiempo y el lugar, siempre estará ahí, como una presencia callada y rigurosa que, con su mirada fija, nos pide cuentas todos los días.

Europa debería presentar al tribunal de la conciencia mundial (si éste existe) el balance de su gestión histórica (perdóneseme este lenguaje de burócrata), para que no siga prolongándose su pecado mayor y su mayor perversión que es, y ha sido, la existencia de dos Europas, una central, otra periférica, con el consecuente lastre de injusticias, discriminaciones y resentimientos, cuya responsabilidad la nueva Europa comunitaria no parece querer asumir, esa paralizadora tela de prejuicios y opiniones hechas que todos los días se manifiesta y nos distancia de un espíritu auténtico de diálogo y colaboración. No estoy hablando de guerras, de invasiones, de genocidios, de eliminaciones étnicas selectivas, que no cabrían en un discurso como éste. Hablo sí, de la ofensa grosera que es, más allá de la congénita malformación que denominamos eurocentrismo, aquel comportamiento aberrante que consiste en ser Europa eurocéntrica en relación a sí misma. Para los Estados europeos más ricos, si acreditamos su narcisista opinión, su costumbre de considerarse culturalmente superiores, el resto del continente sigue siendo algo más o menos vago y difuso, con un tanto de exotismo, con un tanto de pintoresco, merecedor, cuando mucho, del interés de antropólogos y arqueólogos, pero donde, a pesar de todo, contando con las adecuadas colaboraciones locales, aún se pueden hacer algunos buenos negocios.

Ahora bien, mi parecer es que no habrá una Europa nueva si ésta que tenemos no se instituye decididamente como una entidad moral, como tampoco habrá una nueva Europa en tanto no se haya eliminado, más que los egoísmos nacionales o regionales, que casi siempre son reflejos defensivos, el prejuicio de un supuesto predominio o subordinación de unas culturas en relación con otras. Tengo presente, claro está, como pura obviedad que es, la importancia de los factores militares y políticos en la formación de las estrategias globales, pero siendo yo, por fortuna o desgracia, hombre de libros, es mi deber, si aquí vengo, recordar que las hegemonías culturales de nuestro tiempo han resultado, esencialmente, de un doble y acumulativo proceso consistente en evidenciar lo suyo y ocultar lo ajeno, y que ese proceso que, con el paso del tiempo, tuvo el arte de imponerse como algo inevitable, ha sido muchas veces favorecido por la resignación, cuando no por la complicidad de las propias víctimas.

Ningún país, por rico y poderoso que sea, debería arrogarse voz más alta que los demás. Y ya que de culturas venimos hablando, diré también que ningún país, o grupo, o tratado o pacto entre países, tiene el derecho de presentarse como mentor o guía cultural de los restantes. Las culturas no deben ser consideradas mejores o peores, no deben ser consideradas más ricas o más pobres: son, todas ellas, culturas y basta. Desde ese punto de vista, se valen unas a las otras, y será por el diálogo entre sus diferencias, las cualitativas, no las cuantitativas, por lo que se encontrarán justificadas. No hay, y espero que no la haya nunca, por ser eso contrario a la pluralidad del espíritu humano, una cultura universal. La Tierra es única, pero no el hombre. Cada cultura es, en sí misma, un espacio comunicable y potencialmente comunicante: el espacio que las separa es el mismo que las liga, como el mar separa y liga a los continentes.

Dentro de la mal avenida casa europea, las dificultades de relación entre los pueblos fueron y, aunque en otro nivel, siguen siendo el más serio de los problemas que tendremos que resolver si queremos llegar a un entendimiento que haga de la vida en Europa algo diferente de lo que ha sido hasta ahora —una lucha obsesiva por más y más riqueza, por más y más poder—. Qué no se dirá entonces de la relación de Europa en su conjunto con los pueblos que, a partir del siglo xv, de grado o forzados, entraran en el proceso general de ensanchamiento y conocimiento del mundo iniciado con los descubrimientos y conquistas.

Es verdad que Colón, en 1492, tocó tierra americana creyendo que había llegado a la India, y Álvares Cabral, en 1500, por casualidad o acaso hecho, encontró el territorio que ahora es Brasil. Fueron diversas, pero jamás contradictorias, las imágenes que Europa recibió de ese Nuevo Mundo, en muchos aspectos incomprensible para ella. Aunque, como la historia vino luego a demostrar, éste resultó ser bastante dúctil y moldeable, bien por la violencia de las armas, bien por la persuasión religiosa, motivadas por los intereses materiales y las conveniencias ideológicas de aquellos que, habiendo comenzado como descubridores (siempre alguien tuvo que descubrir, siempre alguien tuvo que ser descubierto), inmediatamente pasaron a ser explotadores. El soldado y el fraile que pusieron pie en las tierras recién descubiertas, llevaban a los combates armas diferentes: uno blandía la espada, el otro imponía la cruz. Si no fueron iguales los medios usados, sin duda coincidieron ellos en los fines: la dominación de las almas transportadas por los cuerpos, la dominación de los cuerpos animados por las almas.

Por una dádiva suplementaria del Creador —séame permitida la melancólica ironía—, el oro y los diamantes hicieron más atractiva y compensadora la empresa de la evangelización. Ante tantas riquezas y maravillas, ya se sabe que poco irían a significar las devastaciones, los saqueos y los genocidios, menos aún en las conciencias de la época, que ponían, por encima de todo, a la vez que sus intereses personales, siempre legitimados por la costumbre del tiempo, los intereses de Dios y de la Corona, justificados éstos, en cada caso dudoso, por adecuadas razones de Fe y Estado. Previniendo uno u otro escrúpulo moral, siempre posible en la problemática naturaleza humana, quisieron el azar y la providencia que viniesen al mundo, en el momento necesario, un Bartolomé de Las Casas y un Antonio Vieira para que en España y Portugal pudieran tener los indios sus defensores, aunque solamente oficiosos, contra las peores arbitrariedades y las más escandalosas extorsiones. Los tiempos fueron mudando, la historia perfeccionó los métodos. De acuerdo a sus intereses nacionales, cada país de Europa, a lo largo de los siglos, miró a América a su propia e interesada manera, y por ese modo particular de mirar, pretendió, invariablemente, sacar de ella algún provecho, aunque para ello fuera preciso presentarse cuando convino, con la imagen y la apariencia del libertador.

Llegados a esta altura, creo que comenzará a entenderse el motivo por el que di a este escrito el título aparentemente conciliador de "Descubrámonos los unos a los otros". Quiero dejar claro que no fue ni es mi objetivo, de modo más o menos metafórico y con un oportunismo que vendría fuera de tiempo, intentar armonizar aquí la polémica palabra "descubrimiento" con los diplomáticos pero inútiles arreglos de última hora con que se pretendió, por vía de una simulación que ni las buenas intenciones lograban disculpar, sustituirla por expresiones presuntamente más consensuales, como serían las de "encuentro de pueblos" y "diálogo de culturas". Tanto por un modo de ser propio como por formación adquirida, he procurado a lo largo de toda mi vida, no caer en la fácil tentación de colar en la realidad conceptos que no se correspondan con aquel grado de fidelidad (siempre relativa, ¡ay de mí!) que, a pesar de las reconocidas debilidades del espíritu humano en general (y del mío en particular), nos defiende de incurrir en excesivas perversiones de juicio. Con esto quiero decir que si a unos, los de este lado del océano, no agradó ni agrada la palabra "descubrimiento" (lo que, siendo un derecho de ellos, no basta para borrar la evidencia histórica), los otros, los del otro lado, sean portugueses o españoles, no pueden esperar absolución alguna por el hecho de llamar hoy "diálogo de culturas" o "encuentro de pueblos" a lo que entonces fue violencia, depredación y conquista.

Aprovechando la ocasión, podría yo introducir ahora en mi discurso la nómina de los mil y un actos bárbaros practicados por los españoles en las tierras y contra las gentes del Nuevo Mundo —según rezan las crónicas—, actos que nadie, por más explicaciones que invente, logrará justificar algún día. Pero muy cierto y muy buen consejero es el refrán que nos avisa de que no debe tirar piedras al tejado del vecino quien lo tenga de vidrio en su propia casa. Por eso renuncio a tomar como blanco de mi puntería los tejados del vecino peninsular y, al contrario, pongo a la vista mis propios y frágiles techos. En una carta fechada el 20 de abril de 1657, nuestro Padre Antonio Vieira antes citado, escribía desde Brasil al rey D. Alfonso VI de Portugal: "Las injusticias y las tiranías que se han infligido en los naturales de estas tierras, exceden en mucho a las que se hicieron en África. En un espacio de cuarenta años se mataron y destruyeron en esta costa y *sertones* más de dos millones de indios, y más de quinientas poblaciones y grandes ciudades; y de esto nunca se vio castigo".

No continuaré citando, no buscaré otras fuentes: por esta única teja partida entra el huracán de las atrocidades portuguesas, tan destructor como aquel que preparó a España la materia de la "Leyenda negra", uniendo a unos y a otros, portugueses y españoles, como iguales a cuantos pueblos, desde el comienzo de la historia, ejercieron dominio violento e intolerante sobre otros pueblos. No llevamos nuestras culturas a un diálogo con otras culturas. Fuimos, sí, a corromper las que encontramos, y en el caso de los pueblos incas, mayas y aztecas, a destruir las civilizaciones que les habían dado origen y que por ellas se sustentaban. De esa culpa añadida estamos nosotros, los portugueses, exentos por una pura casualidad, tan sólo porque "nuestros" indios, los de Brasil, se encontraban aún, en todos los aspectos, en un nivel de desarrollo inferior.

No aceptaremos que nos condenen como a los mayores criminales de la historia, pero no procuremos absoluciones a toda costa. Levantar un monumento a las víctimas de la invasión europea de 1492, como lo hizo o lo quiso hacer un digno alcalde de Puerto Real, España, no sólo demuestra una ingenuidad filosófica totalmente al margen de las realidades históricas, como parece ignorar que los responsables del dominio político y económico de que son víctimas, hoy y no ayer, hoy y no hace cinco siglos, los pueblos de América Latina, no se llaman Colón ni Cabral, antes bien usan nombres y apellidos de un inconfundible acento anglosajón. Por otro lado, si persistimos en esas ideas de una póstuma e inocua injusticia, no tendremos más remedio que cubrir toda la Tierra de monumentos a víctimas de invasiones, por cuanto, como bien sabemos, el mundo, desde que es mundo, no ha hecho otra cosa que invadir al mundo.

Ahora sí se tornaron definitivamente claras las palabras que componen el título de esta conferencia: lo que pretendo finalmente es decir que el "descubrimiento del otro" ha significado, casi siempre (las excepciones, de haberlas, no cuentan, dado que no pudieron, ni podrían, contrariar la regla), la emergencia en el espíritu del "descubierto" de las diversas expresiones de la intolerancia, desde el rechazo de diferencias simples hasta las manifestaciones más extremas de xenofobia y racismo. La intolerancia, después de tantas pruebas dadas, se nos presenta como una expresión trágicamente configuradora de la especie humana y de ella inseparable, y probablemente tiene raíces tan antiguas como el momento en que se produjo el primer encuentro entre una horda de pitecántropos rubios con una horda de pitecántropos negros.

No nos engañemos: en el día en que Cabral y Colón pusieron pie en las tierras nuevamente descubiertas, lo que dentro de ellos y de quienes les acompañaban se despertó violentamente fue, una vez más, el demonio de la intolerancia, la dificultad de aceptar y reconocer al "otro" en todas sus diferencias, y peor todavía, el rechazo a admitir que la razón del "otro" pudiera racionalmente prevalecer sobre la nuestra, y que el espíritu del otro hubiera podido alcanzar, por sus propios medios, una plenitud igual o superior a aquélla a la que suponemos que ha llegado el nuestro. Descubrimos al otro, y de paso lo rechazamos. Así como Macbeth podía decir que no bastaría toda el agua del gran Neptuno para lavar la sangre de sus manos, tampoco habrá dialéctica ni sofística capaz de encubrir o disfrazar la intolerancia que llevamos en la masa de nuestra propia sangre.

Ciertamente, aquellos que, por inclinación personal o por la formación recibida, pudieron beber del "manantial de las humanidades", y aprendieron en sus propias flaquezas la dura lección de las imperfecciones y de las vulgaridades humanas, esos logran oponerse, de un modo que yo llamaría "culturalmente espontáneo", a todo comportamiento intolerante, cualquiera que sea su origen y fundamento, de raza o de frontera, de color o de sangre, de casta o de religión. No olvidemos, sin embargo, que las propias clases sociales, por su ordenamiento piramidal y las resultantes contradicciones y tensiones internas de poder y de dominio, activan en sus conflictos comportamientos de intolerancia semejantes. Entre nosotros el "negro" tiene, ¡cuántas veces!, la piel blanca, y el "árabe" puede muy bien ser aquel cristiano cumplidor que, aunque bautizado y crismado, aunque regularmente se confiese y comulgue, pertenece a otra "iglesia social".

Todas las protestas, todos los clamores, todas las proclamaciones contra la intolerancia son justas y necesarias, pero la experiencia de tantas expectativas defraudadas y de tantas ilusiones perdidas debería aconsejarnos moderar nuestra satisfacción siempre que, como consecuencia de esas u otras acciones, la intolerancia parece detenerse en su avance, e incluso recular ocasionalmente, a la espera, ya deberíamos saberlo, de tiempos más propicios. Prácticamente todas las causas de intolerancia fueron ya identificadas, desde las proposiciones políticas con objetivos finales de apropiación territorial, dando como pretexto supuestas "purezas étnicas" que frecuentemente no dudan en adornarse con las neblinas del mito, hasta las crisis económicas y las presiones demográficas que, aunque en principio no necesitan justificaciones exteriores, tampoco las desdeñan si en un momento agudo de esas mismas es considerado conveniente el recurso tácito a potenciadores ideológicos, los cuales, a su vez, en un segundo tiempo, podrán llegar a transformarse en móvil estratégico autosuficiente. Infelizmente, los brotes de intolerancia, sean las que sean sus raíces históricas y sus causas inmediatas, y como si los hechos anteriores de naturaleza y consecuencias semejantes hubiesen sucedido en un planeta sin comunicación con este móvil, encuentran invariablemente facilitadas sus operaciones de corrupción de las conciencias. Entorpecidas ya por egoísmos personales o de clase, éticamente paralizadas por el temor cobarde de parecer poco patriotas o poco creyentes, según los casos, en comparación con la insolente y agresiva propaganda racista o confesional, en las conciencias se va despertando, poco a poco, la bestia que dormía, hasta hacerla estallar en violencia y para el crimen. De hecho, nada de esto debería sorprendernos. Sin embargo, con desconcertante ingenuidad, aquí andamos preguntándonos, una vez más, cómo es posible que haya regresado el flagelo, cuando lo considerábamos extinto para siempre; en qué mundo terrible seguimos viviendo, cuando tanto creíamos haber progresado en la civilización, cultura, derechos humanos y otras prendas.

Que esta civilización —y no me refiero solamente a la que de modo simplificador denominamos occidental— esté llegando a su término, parece ser un punto indiscutible para todo el mundo. Que entre los escombros de los regímenes desmoronados o en vías de desmoronarse (socialismos pervertidos y capitalismos perversos) comiencen a esbozarse, entre tanteos y dudas, recomposiciones nuevas de los viejos materiales, eventualmente articulables entre ellos, o si bien ligados por la lógica de las nuevas interdependencias económicas y globalización de la información, prosiguiendo con estrategias perfeccionadas los conflictos de siempre, todo esto parece estar, igualmente, bastante claro. De un modo mucho menos evidente, tal vez por pertenecer al territorio de aquello que metafóricamente yo denominaría "las ondulaciones profundas del espíritu humano", creo que es posible identificar en la circulación de las ideas un impulso apuntado a un nuevo equilibrio, en el sentido de una "reorganización" de valores que debería suponer una redefinición, al mismo tiempo racional y sensible, de los viejos deberes humanos tan poco estimados en nuestros días. De este modo quedaría colocada, al lado de la carta de los derechos del hombre, la carta de sus deberes, una y otra indeclinables e imperiosas, y ambas en el mismo plano, legítimamente invocables. A Colón y a Cabral no se les podía exigir que pensaran en estas cosas, pero nosotros no podemos permitirnos ignorarlas.

Es tiempo de terminar. Entretanto, *La balsa de piedra* navegó hacia el sur unas cuantas millas más. Su ruta terminará en un punto del Atlántico situado en algún lugar entre África y América del Sur. Ahí, como una nueva isla, se detendrá. Transportó a los pueblos de la Península, herederos de los antiguos descubridores, los llevó al reencuentro con las raíces que entonces allí fueron plantadas (los árboles europeos convertidos en selvas americanas). Y si, como prosigo en esta charla, descubrir al otro será siempre descubrirse a sí mismo, mi deseo al escribir ese libro fue que un nuevo descubrimiento, un encuentro digno de ese nombre, un diálogo nuevo con los pueblos iberoamericanos e iberoafricanos, permitiese descubrir en nosotros capacidades y energías de señal contraria a aquellas que hicieron de nuestros pasados de colonizadores un terrible caso de conciencia.

Un político catalán, escribiendo sobre *La balsa de piedra,* sugirió que mi pensamiento íntimo no habría sido separar la Península Ibérica de Europa, sino transformarla en un remolque que llevase a Europa hacia el Sur, retirándola de las obsesiones triunfalistas del Norte, y tornándola solidaria con los pueblos explotados del "tercer mundo". Es bonita la idea, pero, en verdad no me atrevería a pedir tanto. A mí me bastaría que España y Portugal, sin dejar de ser Europa, descubrieran en sí, finalmente, esa vocación de Sur que traen reprimida, tal vez como consecuencia de un remordimiento histórico que ningún juego de palabras podrá borrar, que sólo acciones positivas podrán hacer soportable. El tiempo de los descubrimientos aún no ha terminado. Continuemos, pues, descubriendo a los otros, continuemos descubriéndonos a nosotros mismos.

Coloquio

Maestro Saramago, usted ha dicho que hay que ser pacien-
te, pero no hay que perder el tiempo. ¿Podría profundizar
un poquito en esa afirmación, en ese concepto, para jóvenes
escritores?

A veces se acerca un joven escritor o una joven escritora,
que me dice: "¿y usted no me puede dar un consejo
para que yo...?" Bueno, a veces digo: "dígame ahora, ¿a
usted le gusta leer?" Algunas veces he sido sorprendido
por una respuesta totalmente desconcertante: "bueno,
bueno, sí, sí me gusta, pero no mucho". Entonces yo le
digo: "no se preocupe, no será nunca un escritor y mejor
piense en otra cosa". Porque no se es y no será nunca un
escritor si no se ha sido un gran lector antes.

El otro consejo que yo daría es éste: "¡hombre! No
tengas prisa, pero no pierdas tiempo", y en el fondo es
eso; por haber hecho algo, no quieras ya una novela, un
relato, un poema; es decir, no creas que ya lo tienes
todo. No. Estás empezando. A veces ocurre, hay casos
absolutamente geniales como el de Rimbaud, que efectivamente a partir del primer momento en que puso una
palabra en un papel, ahí, la marca del genio ya estaba.
Pero te voy a decir: los genios son genios y los demás
tienen que contentarse con el trabajo duro, con la conciencia de que las cosas no salen como a uno le gustaría.
Por lo tanto, no tengan prisa, pero a la vez no pierdan
tiempo. Es decir, todo el mundo tiene lo que tú tienes,
si quieres ser un novelista, o poeta, o dramaturgo, lo
que sea, si la escritura tiene para ti algún significado,

entonces tienes que sosegarte en ella como uno se entrega a una pasión. Pero tampoco hay que complicarlo demasiado, porque hay quien a veces dice: "¡ah, si no pudiera escribir, qué haría!" ¡Eso es falso! De no poder escribir sencillamente no escribiría y haría otra cosa.

Hay una tendencia a dramatizar y no hay que dramatizar, pero tampoco se debe pensar que todo es fácil. En este sentido, a veces digo: si a las tres de la madrugada alguien pasa al lado de mi casa y ve una luz encendida, que no crea que el genio está trabajando. El genio está durmiendo, lo que ocurre es que se nos ha olvidado apagar la luz, porque la noche yo la tengo para dormir. Soy un escritor, digamos, bastante atípico, no me gusta el *whisky*, soy muy disciplinado, no creo en la inspiración, en fin, algunas cuantas cosas más que si quieren desarrollaré más adelante.

Creo que fue Milan Kundera quien dijo que, "sólo el gran poeta conoce el inmenso deseo de no ser poeta", porque se tiende a pensar que el proceso de escritura es un proceso simple cuando uno tiene, como lector, un libro maravilloso o que le mueve; se piensa que fue un proceso que al escritor no le provocó ningún dolor. ¿Qué tanto puede ser, en el proceso de escritura para José Saramago, un proceso de dolor o de placer?

Hay mucha ficción alrededor de la creación literaria, no sé si se cuentan historias para producir algo, para dramatizar. Hay muchas variantes alrededor del acto de escribir, y todo tiene que ver con la creación artística y literaria. Como es algo que parece que ocurre en otro mundo, le tienen miedo, son muy fácilmente tentados a imaginar que aquello es una maravilla, que habrá musas inspiradoras sentadas alrededor, o incluso, si se puede decir, acostadas con el autor; y no, no es así. Escribir es un trabajo. Tomémoslo sencillamente como un trabajo, no creo que valga mucho la pena idealizar el trabajo deseado, lo que sí se puede es llegar a tener la alegría de lo que llamamos el trabajo bien hecho, eso sí. Ahora bien, salir a la calle diciendo: "hoy he escrito una página genial", yo creo que no está bien.

Terminado un logro por ejemplo, la novela se queda ahí, se publica y un día, o meses, o años después, el autor la retoma, la abre y lee una página. Bueno, me han contado autores que no tienen ningún recuerdo de cómo ni cuándo la escribieron y a veces se sorprenden porque no se imaginaban capaces de escribir aquel pasaje; esto puede llevar a pensar que el escritor trabaja en una especie de estado de trance… No, claro que no. ¿Pero qué es lo que ha ocurrido? El proceso de pasar al papel lo que se está pensando no es tan fácil de definir.

Voy a intentar explicarlo de una forma poco común y nada científica: hay un pensamiento que yo llamaría superficial, es evidente que nosotros de alguna forma controlamos eso que nos lleva a decir: "estoy pensando", y por lo tanto lo conducimos. Pero a lo mejor hay otros pensamientos subterráneos, que trabajan por su cuenta, y que no se muestran nada interesados por lo que está pasando arriba. Puede ocurrir, y en la creación literaria, por ejemplo, ocurre mucho. Para entender lo que ha pasado súbitamente: el pensamiento subterráneo sube al nivel del otro. De alguna forma se puede decir que sorprende de golpe. El otro estaba muy ocupado en escribir una frase y la tenía muy clara, y de repente el pensamiento subterráneo irrumpe para decir sencillamente esto: "tengo algo que decirte a ti". A esto comúnmente lo llamamos la "asociación de ideas". Una idea lleva a otra.

También puede ocurrir que uno esté escribiendo, se le presente una asociación de ideas y no la quiera en ese momento porque ésta pueda perturbar el normal desarrollo de lo que está haciendo. Pero si precisamente esa perturbación puede aportar algo que rompe lo que estaba diciendo y que llega desde lejos, se necesita saber cómo, se necesita oficio para abrirle la puerta.

Hay algo muy sorprendente en el acto de la escritura. Voy a dar un ejemplo: imaginemos que yo escribo normalmente toda la mañana y que durante un tiempo, por una razón u otra, escribo por la tarde. Está claro que aquello que yo voy a escribir, da igual que lo hiciera por la mañana o que lo hiciera por la tarde. Pero esas páginas no van a ser iguales. Hay un factor en la escritura de algún modo irreal, arbitrario o no, y todo puede ocurrir, pero a la vez puede que ocurra otra cosa.

Lo que cuenta verdaderamente es el momento en que estamos escribiendo. El momento en que hemos estado redactando tiene sus propias piezas. Tú en ese momento estás más sensible a unas cuantas cosas y menos sensible a otras. Y puede que en los momentos siguientes sea a la inversa. Entonces, a la vista del lector, delante del producto final, concretamente la novela, parece un bloque coherente, perfectamente armado y sólido. Eso me recuerda mucho a las construcciones de las catedrales en la Edad Media, sobre todo las primeras catedrales góticas que se levantaron y que caían, se derrumbaban porque la tecnología no era lo suficientemente avanzada para mantener esas paredes con huecos y sin cimientos. Es decir, que la construcción de una catedral gótica que se quedó en pie significa que antes de eso muchas paredes se fueron abajo porque estaban mal elaboradas: con tanta fractura se ganó conocimiento técnico, y a partir de ahí se supone que ya no cayeron.

Bueno, con la escritura ocurre un poco eso. Nosotros vamos levantando, no quiero decir una catedral porque sería demasiada pretensión, pero vamos levantando algo que es sencillamente una palabra que tiene que quedarse en el infinito. Cada palabra que escribes es la última de una especie, pero se queda en el aire esperando a la próxima palabra que viene. Se puede decir de alguna manera que ninguna palabra por ella misma es poética, pero se puede convertir en palabra poética por la presencia de la que está antes y por la presencia de la que está después, como un *collage*.

A donde quiero llegar es a que es muy difícil, no parece nada pero por lo menos lo que me ocurre a mí es que la primera página es absolutamente una tortura, no porque yo no sepa exactamente qué es lo que quiero escribir, sino porque, si las palabras no están todas en su lugar, si además no tienen una especie de música interior que hace que cada palabra suene como si acabara de ser inventada, necesitamos muchísimo trabajo todavía; eso tiene que ver con mi propia naturaleza, con la forma individual de escritura.

Hay otro aspecto importantísimo que es: si yo no puedo escuchar dentro de mi cabeza lo que estoy escribiendo, más vale que no avance. Tengo que escucharlo dentro de mi cabeza y si aquello no funciona, sufro. Se sufre también en un momento en que, a mitad de la historia, se ha creado una situación complicadísima y no se sabe cómo salir de ella, y eso ocurre mucho. En el *Ensayo sobre la ceguera,* unas tres o cuatro veces tuve que suspender la escritura de la novela por no saber cómo avanzar. Ahí lo más prudente para los aspirantes a escritores es no forzar nada, no obligarse, dejar lo que se está haciendo, pasar dos o tres días sin pensar en ello, porque lo que siempre ocurre es que la propia situación te dirá cómo seguir adelante.

Escribir, en el fondo, es una tarea. Tenemos una cantidad de palabras ahí en el suelo y escogemos una u otra; a veces se confunden las que tenemos en la cabeza con las que tenemos en el suelo y de repente no tienen nada que ver con las palabras que estás escribiendo y, otra viene del pasado, en un instante, un olor, un sentimiento, una palabra que pide tomar un lugar que aparentemente no debería ocupar. En ese sentido escribir es un poco como si se desembarcara en una isla desierta y se inventara la botánica, los nombres de los animales, para darles sentido.

¿Cuál de las historias que ha escrito le ha costado más trabajo contar y por qué?
Hay libros, historias o cuentos que necesitan un trabajo previo de investigación. Un libro de esos sería, por ejemplo, *El memorial del convento*. Como está ambientado en el siglo XVIII, yo tenía que saber algo. Sentía que donde iba necesitaría una amplia y sólida base histórica. En *El evangelio según Jesucristo*, había que conocer toda la historia, había que conocer lo mejor que se pudiera la mentalidad del tiempo y algo de Jesucristo, y eso necesita cierto trabajo previo que tiene que hacerse con muchísimo cuidado.

La tentación de los escritores que están empezando y se enfrentan a temas de esa naturaleza, puede llevarlos a decir: "tengo que amontonar aquí datos y datos, para que esto sea creíble". Hay que decir que para que sea creíble no se necesitan muchos datos, sino los justos. Si uno carga demasiado una canoa, llevará todo lo que necesita, pero también puede pasar que la canoa se hunda. En una novela sobre un tema histórico puede ocurrir que, si pones demasiados datos, éstos resulten innecesarios.

Cuando uno intenta demostrar demasiado, eso va en perjuicio de la verosimilitud, es decir: una novela histórica, como su nombre indica, tiene datos y por razones obvias son o tienen que ser verosímiles. Porque mediante la verosimilitud, en el fondo, puede incluso introducirse lo más fantástico que se pueda imaginar. Cuando yo escribí *La balsa de piedra,* sabía que el argumento no podría ocurrir nunca y además, de ocurrir, sería una catástrofe. Entonces lo que importa no es que sea real la posibilidad de que suceda, que ya sabemos que no. Lo que importa es el contexto literario, que se pueda presentar como algo que sucedió y que, si lo aceptamos, todo lo que ocurra después responda a una exigencia total: la de narrar en obediencia a una lógica tan perfecta como el reloj. Es la única forma de sustentar algo fuera de lo normal.

Algunos textos son muy dolorosos, como por ejemplo una novela llamada *Alzado del suelo,* en la que, en un capítulo, se describe la tortura de un militar comunista. Tuve que interrumpir tres o cuatro veces la escritura de ese capítulo porque no aguantaba, no soportaba lo que estaba escribiendo y me ponía a llorar. Escribía y lloraba, y ahora, si tomo esa novela y voy a ese capítulo, no puedo hacer una lectura sin decir: "soy un llorón". Ustedes podrían decirme: "¡ah, usted es un sentimental!", y a lo mejor sí, a lo mejor soy un ser sentimental.

¿Qué tan importantes son los personajes de cada una de sus novelas? ¿Cree que es importante seguir su historia?
Los personajes son importantes, pero la verdad es que yo no describo nunca un personaje diciendo si es alto o bajito, si es gordo o flaco, si tiene los ojos negros o azules, si es guapo o no, eso no me parece importante. Más bien, se puede describir minuciosamente, pero a continuación eso ya no será necesario, porque ya habrá sido explicado antes. Esto me recuerda una novela de Balzac en la que éste describe con una grandeza magistral una

cocina de pueblo, en una casa rica y son diez, o quince, o veinte páginas de descripción minuciosa; y es un recurso. Luego, en las ciento cincuenta o doscientas páginas siguientes, no se habla más de la cocina, es decir que queda ahí realmente como un recurso estilístico extraordinario.

Pero desde mi punto de vista es una pérdida de tiempo en lo que tiene que ver con la construcción de un personaje. La cuestión es hacerlo de forma que el personaje se cuente a la larga, y se defina en la última parte. A lo largo de la historia que está siendo narrada se van añadiendo pequeñas cosas, pequeños datos, pequeñas informaciones; en un diálogo, por ejemplo, un lector puede ver que hay algo que pesa para la definición y para el conocimiento de un personaje. Eso me gusta más, pero no hay nadie que pueda decir: "esto es mejor que aquello". Uno tiene su propia forma de construir la historia, de inventarla. No se puede decir que todo el mundo tiene que describir una cocina en el primer capítulo de la novela. "Pero Balzac lo haría", dirán. "Sí, pero yo no soy Balzac", desafortunadamente, claro.

Yo quisiera preguntarle sobre la responsabilidad del escritor. He enseñado en cursos de literatura mundial El evangelio según Jesucristo *y el* Ensayo sobre la ceguera. *Un comentario que los estudiantes a veces me hacen es que les parece muy crudo, en el* Ensayo sobre la ceguera, *todo el pasaje de los ciegos que empiezan a traficar con mujeres. Pienso que esa crudeza refleja una responsabilidad suya como escritor frente a esta época que vivimos de globalización, de neoliberalismo. Pero más bien, lo que yo quisiera escuchar es su opinión sobre la responsabilidad del escritor en una época como ésta en la que hay cada vez ricos más ricos y pobres más pobres.*

Al escritor no se le puede pedir que resuelva ahora el problema de la justicia social. El escritor no tiene ningún poder para llegar a eso. La verdad es que si miramos atrás nos damos cuenta de la cantidad de autores, de maestros que han escrito grandes novelas, y no sólo en el plano literario, sino también en el plano de la creación filosófica. Si hubiéramos podido cambiar el mundo, ya estaría cambiado, y no lo está. El mundo siempre está cambiando y desgraciadamente, por lo menos en algunas circunstancias, cambia para estar peor.

¿Qué es lo que podemos hacer? ¿Qué es lo que piensa usted que nosotros podríamos hacer? Pues no lo sé, porque yo soy una persona igual a las demás. Las preocupaciones que ustedes tienen las tengo yo; la diferencia es que yo escribo y de alguna forma lo que escribo llega a personas que lo entienden, porque están preocupadas por eso. La responsabilidad del escritor, como escritor, no la tengo. La tengo como persona. Tal vez se pueda decir: "pero una cosa es el ciudadano y otra cosa es el escritor". Pero en mi propia persona eso no ocurre, ya que donde va uno el otro estará justo a lado. A veces digo, en la presentación de algún libro mío: "bueno, vamos a hablar ahora diez minutos de la novela y después dedicaremos los cincuenta minutos siguientes a hablar del mundo, de la vida, de la política, de todo lo que está pasando".

La novela es sencillamente una especie de difamación de la situación concreta de la sociedad en que nos encontramos, más o menos directamente, recurriendo o no a la metaforización. Es el caso del *Ensayo sobre la ceguera,* del *Ensayo sobre la lucidez,* entre otros. Ocurre mucho que me dicen: "ah, yo no he podido aguantar la lectura del *Ensayo sobre la ceguera,* tuve que interrumpirlo porque sufría, sufría mucho". Yo a veces contesto así:

"usted no ha podido soportar lo que estaba escrito ahí, no soporta una novela y soporta el mundo en el que está viviendo; mire, lo que está escrito en esa novela es una pávida imagen de lo que pasa realmente en el mundo".

No falta quien diga que la novela definitivamente no sirve para nada. Pero quizá sirva porque a la larga la novela sirve simplemente para sacudir la conciencia de las personas. No me parece un error que la novela se considere cruda, pero sí me lo parece que se considere demasiado cruda; porque por eso hoy día hay que quitarse el sombrero ante la literatura capaz de impactarnos con fuerza. Si decidiéramos pensar en unas cuantas cosas, no se repetirían unos cuantos errores.

Yo ya no estaré aquí, pero me gustaría, y lo digo con toda la seriedad del mundo, me gustaría estar en este planeta el día en que una catástrofe cósmica destruyera todo esto. Porque realmente no merecemos vivir. No. Definitivamente no merecemos vivir. Seres racionales, conscientes, sencillos, capaces de entender e inventarlo todo. No hemos inventado solamente la rueda, hemos inventado el amor, hemos inventado la compasión, hemos inventado el respeto, la generosidad, la bondad, hemos inventado todo. Pero a la vez somos unos monstruos, como ya he dicho antes.

Entonces espero que un día se acepte no sólo una parte, sino la culpa entera. Parece que hay un agujero negro en el centro de la galaxia que lo esta chupando todo, que un día esto desaparecerá, y el universo no se dará cuenta de que hemos existido. Desaparecerán *La divina comedia, El Quijote,* etc., todo lo que ha pasado, y finalmente nos perderemos. A menos que nos demos cuenta de los desastres que estamos haciendo y los corrijamos, pero ésta es casi una ficción científica.

*El escritor Saramago escribe de una manera muy particu-
lar, muy especial, cumpliendo con muchos cánones, con
muchas reglas, pero al lector Saramago ¿qué le interesa
leer, qué le gusta leer?*

¡Ah! ¿Qué lector soy yo? Bueno, uno tiene sus temas.
Hay que decir que uno lee rápido un libro, de otro hace
una lectura más serena. Puede haber momentos en los
que el escritor pasa a leer menos, y no es pura envidia de
los autores, es sencillamente porque está ocupado con
su propio trabajo. A veces no es fácil arrancarse uno de
lo que está haciendo para ir por otra lectura. En principio, si estoy escribiendo, difícilmente leo algo que no
sea sino por necesidad informativa, y no es porque pudiera de paso quedar influido. El problema que tiene la
lectura para los que sabemos de ella es que te pide que
pienses, y ese tiempo te puede estar haciendo falta para
algo que estás haciendo.

Siempre leí a un señor que se llama Franz Kafka, que
realmente para mí es el gran escritor del siglo XX. Kafka
escribió lo que hasta entonces no se había escrito. Sobre
todo nos dijo algo tan sencillo y tan terrible como "el
hombre es un producto". El hombre es un producto,
como cuando en *La metamorfosis,* una buena mañana el
personaje se despierta para ir a trabajar y se da cuenta de
que se transformó en un coleóptero. Muchas personas,
cuando se levantan por la mañana, se dan cuenta de que
por el trabajo que tienen que hacer, y por las circunstancias en las que tienen que hacerlo, ya no son hombres.

*¿Qué tanto escribe para un lector ideal, y qué tanto por
necesidad propia?*

Bueno, uno escribe sencillamente porque hay que escribir. Si el médico dice que escribir va en contra de la sa-
lud, pues se deja de escribir. Pero no hay un lector ideal,

¿quién sería ese lector ideal? Además, tendría que ser un lector ideal para cada escritor, porque sería difícil que dos escritores o tres pudieran coincidir en un formato determinado de lector ideal.

Uno escribe sencillamente lo que quiere escribir. En el fondo son los lectores quienes hacen que nuestra escritura sea capaz, pero eso no significa que el autor tenga que prestar mucha atención a la reacción del lector para no defraudarlo, para no escribir algo, porque uno ya sabe que tiene un cierto tipo de lectores en el mercado. Es un poco difícil determinar qué tipo de lectores son los que me buscan, los que me leen, porque hay tanto jóvenes como ancianitos. Me leen hombres y me leen mujeres; tengo que decir más mujeres que hombres, por una razón muy sencilla, porque las mujeres hoy en día son más lectoras que los hombres. Muchas veces, cuando se me presenta un señor que quiere que le firme un libro es muy frecuente que me diga: "es para mi señora porque a ella le gusta mucho". A veces pregunto: "¿Y a usted no le gusta?" Me contestan: "Sí, sí me gusta, pero a ella más".

Entonces no hay ningún lector ideal. Yo escribí mi primera novela en los años cuarenta y la publiqué en el cuarenta y siete. Luego me he dado cuenta de que no tenía muchas cosas para decir que valieran la pena. Bueno, yo no quiero ahora estar martirizando con el doloroso aprendizaje en mi adolescencia, o con lo que tiene que ver con el conocimiento literario sin libros en casa, leyendo en las bibliotecas públicas por la noche. Yo me doy cuenta de que aunque la novela no estaba tan mal escrita —porque era una novela de juventud—, de alguna forma se puede decir que es una novela sedimentaria, que cuando uno la lee y la lee, va encontrando sedimentos. Cuando uno se pone a escribir en circunstancias como esa, con veintitrés o veinticuatro años, y sobre todo si se tienen en 1945, que es la prehistoria, ¿qué es lo que se tiene para decir? No se tiene mucho, no se ha vivido, no se ha andado por la calle escuchando lo que dicen las personas para llevarlo a la novela. Después estuve prácticamente veinte años sin publicar, no volví a la literatura hasta 1966, y seguía entonces sin nada qué decir. Uno llega a un momento en que cree que tiene quizá lo más importante de todo: voz propia, una forma de narrar que aunque se alimente de todo lo que ha sido escrito antes, hace que el escritor ahora sea sencillamente aquello que viene después. Los que escribimos aprendemos de lo que está escrito. No hay otra forma. Si uno se da cuenta de que tiene esa voz propia, entonces quizá pueda, cuando se mire a sí mismo al espejo, decir: "soy un escritor".

Tendré muchos lectores o pocos lectores, pero no hay una cantidad de lectores predecible, y lo que yo quiero es decir las cosas con mi propia voz, y nada más que eso.

Sé que esta pregunta a lo mejor ya se la han hecho muchas veces, pero ¿qué significó para usted ganarse un Nobel, y se imaginó alguna vez que lo iba a ganar?

Lo que significó para mí es lo que significaría para cualquiera de nosotros. Es el premio más importante de la literatura; también se sabe que a todo el mundo le gustaría tener un Nobel. Pero el Nobel se da una vez al año, ahora mismo hay miles y miles de escritores y cada año hay uno que lo recibe. No significa que sea el mejor de todos. La Academia Sueca tiene sus criterios, le dio el premio a quien quería, y siempre se puede decir: "ese señor no lo merecía tanto como lo merecía el otro señor".

En los cuatro años anteriores a 1998 se empezó a hablar mucho de la posibilidad de que yo lo ganara. Salía en la prensa, entre los candidatos, lo que es un error. Nadie es candidato al premio Nobel. La Academia Sueca está mirando las veinticuatro horas del día de todo el año lo que está pasando, va recogiendo esa información, tiene una lista muy larga con doscientos nombres y otra más cortita. Normalmente es de esa lista cortita de donde sale el Nobel. Si alguien sale en mejor lugar que José Saramago, éste no tiene más remedio que decir: "bueno, quizá sí es verdad". Hubo años en que se presentaron escritores con más probabilidades de ganar el Nobel: François Mauriac y Graham Greene. Todo el mundo se preguntaba qué iba a pasar. Entonces lo ganó François Mauriac. Parecería que, si Graham Greene había llegado a la recta final, al año siguiente, o al otro, lo ganaría, y no se habló nunca más de Graham Greene.

Yo tengo que decir que el año que esperaba que me lo dieran no fue 1998, sino 1997, porque tenía informaciones, indicios que me permitían pensar que no se lo darían a Darío Fo. Curiosamente, el día en que se lo dieron, yo estaba haciendo un viaje por Alemania y Polonia, y esa noche Darío Fo me dejó un mensaje que decía: "quiero darte un Nobel; perdona pero el año que viene lo vas a tener tú, ¡ay, soy un ladrón!, te he robado el Nobel de Literatura". Pero eso no había ocurrido. El año siguiente, yo estaba a punto de embarcar en el avión para volver de Frankfurt a Madrid y luego a Lanzarote, que es donde vivo, y la hora de salida del avión coincidía con el anuncio del premio durante la Feria del Libro de Frankfurt. La cola se estaba moviendo para entrar en el avión. Entonces fui al teléfono, llamé a la Feria y pedí hablar con mi editor. No dije quién era, no valía la pena, y me quedé con el teléfono así, esperando. De repente oí una voz, pero de la megafonía de la sala de embarque, que decía: "señor José Saramago". Era una voz femenina, y me di cuenta de que la azafata tenía otro teléfono y me dijo: "¿Es usted...?" "Sí, sí soy yo", entonces ella no pudo controlarse. Alguien había llamado para hablar conmigo, entonces ella me dijo: "Es que está aquí una periodista que quiere hablar con usted". "¡Es que usted ha ganado el Premio Nobel!" Por lo tanto me anunció que había ganado el Nobel una azafata de Lufthansa, a quien obviamente la periodista, para convencerla de que me llamara, dijo: "Tiene que encontrar a ese hombre porque ha ganado el Premio Nobel".

Para salir, tenía que ir por un pasillo. Era una casualidad que no hubiera nadie en ese pasillo, y yo no recuerdo ningún otro momento de mi vida en que haya sentido eso: la soledad agresiva. Estaba ahí solo, un señor con su abrigo y su maletita con que había ido a Frankfurt por dos días para una conferencia y volvía un señor cuya vida había cambiado totalmente en ese instante. Iba andando y murmurando palabras, hablaba un poco conmigo mismo y me decía: "Tengo el Premio Nobel, ¿y qué?"

Esto puede ser entendido de dos formas distintas. ¿Qué significa tener el Premio Nobel? Aquí en este pequeño planeta con el Sol ahí, ¿a quién le importa el Sol, si yo tengo el Premio Nobel? Hay que ser modesto, hay que revisar las cosas; las cosas son grandes pero siempre hay cosas que son mucho más grandes que las que tienes. A partir de ahí tal vez ocurre que alguno tiene el Premio Nobel y dice: "Mi carrera se termina aquí, voy a disfrutar". Pues yo no: después del Nobel he publicado *La caverna, El hombre duplicado,* el *Ensayo sobre la lucidez,* estoy trabajando en otra novela y no quiero, no quiero parar; y quiero decir que voy a trabajar hasta el último día de mi vida.

Cuando yo publiqué la novela que me abrió las puertas al reconocimiento internacional, que fue uno de mis mejores momentos, tenía sesenta años, y ahora tengo ochenta y dos. En veinte años he hecho todo lo que había sido incapaz de hacer antes. Por lo tanto, como a veces digo: ojo a los ancianos porque ellos tienen muchas cosas que decir, y a ustedes les convendría aprovecharlos un poco, poner más de atención en los viejos, como lo han hecho hoy estando aquí, ¿no? ¡Ah, sí, porque yo soy el Premio Nobel. Pero sus padres y madres no son Premio Nobel, ¿y qué? Yo sí tengo el Premio Nobel, ¿y qué?

Usted ha escrito acerca del conflicto de Chiapas. Supongo que ese tipo de problemáticas son las que le preocupan. Quisiera saber qué otro tipo de conflictos de México preocupan a José Saramago.

Bueno, uno no elige un conflicto determinado para preocuparse. Prestamos más atención a los más cercanos. Me preocupa Chiapas y la gente, me preocupa Guerrero, me preocupa la situación jurídica de México, me preocupa la situación de América.

Yo siempre digo: "Los indígenas pertenecen al continente, son los auténticos dueños de la tierra". Cometemos un crimen sin perdón cuando no lo pensamos todos los días. Pienso que si América tiene alguna posibilidad de salir de muchas de las situaciones difíciles y complicadas en las que está, quizá sea el día en que se haga una inmersión en sus pueblos indígenas, que son muchos: los chiros, los mapuches, los quechuas, los mayas. Y no me refiero a la idea falsa de que tienen que integrarse, porque ésa es la del lenguaje del "culto y civilizado" cuando dice: "Nosotros somos muy tolerantes, estamos dispuestos a integrarte". Pero "¿y si yo no quiero integrarme? ¿Por qué tengo yo que integrarme forzadamente por el hecho de que determinada parte de la sociedad sea más poderosa?" La integración, una auténtica integración, significaría que cada una de las partes se integrara a la otra. Pero decir: "Venga, que yo ya decidiré en qué condiciones permitiré a usted que entre", eso no lo es.

Cuando llegaron aquí los llamados "descubridores", vinieron embarcaciones con dos señores que parecían no tener nada que ver el uno con el otro, pero que, ahora lo vemos, eran complementarios: el soldado y el fraile. Si el fraile podía convencer pacíficamente de que los jueces y los dioses vivos eran falsos, y de que él traía consigo al verdadero Dios, la gente pasaba a creer en éste, en Cristo crucificado, y ya estaba. Pero si eso no se obtenía, los soldados estaban ahí. Nada más hipócrita, nada más parecido a un pecado de orgullo que creer que se conoce al otro. Además, hay que tener muy claro que si hay Dios, no hay ningún motivo para pensar que se representa mejor con un cuerpo humano crucificado, como un señor de barbas blancas con un triángulo sobre la cabeza, o como la Luna a la que se adora cuando nace, o el Sol, de quien se teme que, cuando se va por las noches, no vuelva. La necesidad de esclavizar, de dominar al otro, es una característica humana deplorable, una vergüenza.

Pero nadie se atreve a intentar resolver el problema indígena en América. Si mañana esto explota, entonces no digan que no lo sabían. Tampoco nosotros podemos integrarnos a la comunidad de ellos. La gente tiene que desarrollarse, pero no bajo esa condición imperativa de "¿te integras o te integro?" Al decir "te integras", en el fondo está mal disfrazada una idea más que utilitaria: "Yo necesito tu fuerza de trabajo, pero según mis condiciones".

¿Qué cree usted que ha aportado México a la literatura universal? ¿Qué cree que pueda aportar en el futuro?

Lo que pueda aportar en el futuro ustedes lo sabrán mejor, porque ustedes son los mexicanos. Yo no soy un experto en literatura mexicana, pero he leído mucho, y por mi vida pasaron Carlos Fuentes, Fernando del Paso, etc., que me gustan mucho. Es decir que lo que ha aportado es una literatura importantísima. Mi valoración no servirá de mucho porque no es una valoración de alguien que tenga los conocimientos suficientes.

Hay muchos escritores por aquí. Sólo fijándonos en el hecho de que hay escritores jóvenes que conozco, quienes obran sin obtener ningún agradecimiento, podemos decir que México tiene un gran potencial, un potencial expresivo que está en la propia naturaleza de la gente que vive aquí. Pero también están las aportaciones que circulan, está América Latina. En una América con Bolívar que quería una América única, no sé qué pasaría con Estados Unidos. No le gustaría nada, claro, pero ¿qué es lo que le gusta a Estados Unidos?

En un Instituto Tecnológico que pone tanta atención a las humanidades, me han formulado preguntas diferentes. Muchísimas gracias.

La Cátedra
Alfonso Reyes

Instituto Tecnológico y de Estudios
Superiores de Monterrey

Rafael Rangel Sostmann
Rector del Sistema

Carlos Mijares López
Vicerrector Académico

Dora Esthela Rodríguez Flores
Directora Académica

Inés Sáenz Negrete
Directora de
la Cátedra Alfonso Reyes

Consejo Consultivo
de la Cátedra Alfonso Reyes

Adela Cortina
Alan Knight
Federico Reyes Heroles
Javier Garciadiego
Josefina Ludmer
Juan Luis Cebrián
Julieta Campos
Julio Ortega
Rolando Hinojosa-Smith
Víctor García de la Concha

La Cátedra Alfonso Reyes

Vivimos una época de cambios radicales que están conduciendo a la humanidad hacia un nuevo orden social. La integración económica que está borrando las fronteras de nuestro mundo globalizado, los avances tecnológicos que nos permiten tener acceso inmediato a la información dondequiera que ésta se encuentre, la influencia cada vez mayor que tienen los medios de comunicación en la formación de los criterios de importantes grupos sociales, y la demanda de una mayor participación ciudadana, son fuerzas motrices que están modelando el futuro.

Dentro de este contexto internacional, nuestro país está también experimentando una profunda transformación en los aspectos económico, social y político. Recientemente nos hemos incorporado al conjunto de las naciones democráticas.

Estamos, pues, en una época de transición que, por tanto, plantea nuevos desafíos a la tarea educativa. En efecto, es misión de las instituciones universitarias, además de la transmisión de los conocimientos, formar a los profesionales con la visión de estos nuevos tiempos, consolidando en ellos los criterios que les permitan conducir los cambios con el propósito de preservar siempre la dignidad humana.

Para lograr este objetivo, el Tecnológico de Monterrey ha instituido la Cátedra Alfonso Reyes, en la que nuestra comunidad académica y estudiantil lleva a cabo un provechoso diálogo con el pensamiento visionario de reconocidas personalidades en orden a la construcción del futuro.

Asimismo, esperamos, con la publicación de los cursos, seminarios y conferencias de la Cátedra, hacer partícipes de los beneficios a otras universidades de México y América Latina.

RAFAEL RANGEL SOSTMANN
Rector del Sistema ITESM

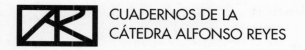 CUADERNOS DE LA
CÁTEDRA ALFONSO REYES

TÍTULOS PUBLICADOS

Juan Goytisolo
Tradición y disidencia

Carlos Monsiváis
Las tradiciones de la imagen

Javier Ordóñez
Ciencia, tecnología e historia

Sergio Pitol
De la realidad a la literatura

Sergio Ramírez
El viejo arte de mentir

Giovanni Sartori
Videopolítica. Medios, información y democracia de sondeo

Fernando Savater
Los caminos para la libertad. Ética y educación

Eduardo Subirats (coord.)
América Latina y la guerra global

Eduardo Subirats
El reino de la belleza

Luisa Valenzuela
Escritura y secreto

Mario Vargas Llosa
Literatura y política

Luis Villoro
De la libertad a la comunidad

Este libro se terminó de imprimir en octubre de 2006 en los talleres de Impresora y Encuadernadora Progreso, S. A. de C. V. (IEPSA), Calz. de San Lorenzo, 244; 09830 México, D. F. En su tipografía, parada en el Departamento de Integración Digital del FCE, se utilizaron tipos Galliard de 14 y 11:13.75 puntos. La edición consta de 10 000 ejemplares.